Fritz Kumhofer
Es war nicht wie im Fernsehen

FRITZ KUMHOFER
AUFGEZEICHNET VON
LIES KATÓ

ES WAR NICHT WIE IM FERN- SEHEN

**EIN WIENER KIEBERER ERZÄHLT,
WIE ES WIRKLICH WAR.**

Dachbuch
Verlag

Dachbuch Verlag

1. Auflage: November 2020
Veröffentlicht von Dachbuch Verlag GmbH, Wien

ISBN 978-3-903263-23-9
EPUB ISBN 978-3-903263-24-6

Autor: Fritz Kumhofer
Co-Autorin: Lies Kató

Lektorat: Nikolai Uzelac
Korrektorat: Teresa Emich
Satz & Umschlaggestaltung: Daniel Uzelac
Umschlagmotiv: Fer Gregory/Shutterstock.com
Druck und Bindearbeiten: Rotografika, Subotica
Printed in Serbia

Besuchen Sie uns im Internet
www.dachbuch.at

Ich widme dieses Buch allen, ohne die es nicht zustande gekommen wäre. Insbesondere meiner Frau und meinen Eltern, aber auch allen Kolleginnen und Kollegen.

Fritz Kumhofer

INHALT

SO WAS WIE EIN VOR-WORT: DIE VERSCHRIFTUNG

Eins muss gleich am Anfang gesagt werden: Es war nicht wie im Fernsehen. In Wirklichkeit ist gar nichts wie im Fernsehen. Im Fernsehen, dort rennen die Kommissare ununterbrochen herum, haben nichts wie eine Äktschn, und schreiben tun sie keine Zeile, oder nur ganz wenig, so gut wie gar nichts. Dabei ist das Schreiben die Haupttätigkeit von jedem Polizisten. Weil alles muss dokumentiert werden, jedes Vorgehen. Jede Amtshandlung, ganz genau: Was du machst, warum du es machst. Alles. Und das geht nur über die »Verschriftung«. Auch wenn so ein Akt neuerdings immer papierloser wird und alles nur mehr auf Speichermedien parat ist – es muss ja trotzdem geschrieben werden, nur halt nicht mehr mit einer Schreibmaschine.

Und dieses Amtsdeutsch, in dem da geschrieben wird, das bleibt einem irgendwie hängen. Wenn ich probier, was zu schreiben, zum Beispiel meine Erinnerungen, wie alles so war, dann rutsch ich gleich wieder in diese »Verschriftung« hinein. Und so einen Bericht mag keiner lesen, außer vielleicht die Staatsanwaltschaft. Drum lass ich das und erzähl lieber alles so, wie es mir einfällt.

1. TEIL

Wie ich Polizist geworden bin

1961 war das Jahr, in dem die ganze Welt auf Wien
geschaut hat. Der Kennedy war da und der Chru-
schtschow und unser Bundespräsident Schärf,
quasi der Chef von meinem Vater, hat die beiden
in Schönbrunn miteinander bekannt gemacht.
Da war meine Mutter, eine Akkordarbeiterin aus
Südmähren, schon schwanger mit mir. Und ich
bin dann ein paar Monate später, nur zwei Kilo-
meter von Schönbrunn entfernt, im Kaiserin-Eli-
sabeth-Spital geboren worden. Aber das gibt es
heute nicht mehr, genauso wenig wie die Kron-
länder der Monarchie, wo ich als echter Wiener
meine Wurzeln habe.

Ich stamme aus dem fünfzehnten Bezirk, Rudolfsheim-Fünfhaus. Mein Vater war Polizist,
Kriminalbeamter, ein echter Kieberer. Später war
er sogar Offizier der Kriminalpolizei. Dadurch
war für mich beruflich schon eine gewisse Vor-
gabe da, obwohl Polizist keinesfalls mein erster

Berufswunsch war. Studiert hätt ich gern, irgendein naturwissenschaftliches Fach. Und noch lieber wär ich Pilot geworden, das hat mich immens interessiert.

Aus dem Studieren ist dann leider nichts geworden, weil das Gymnasium wegen mangelnden Lernerfolgs auf meine werte Mitarbeit verzichtet hat. Und Berufspilot – na, das war absolut außer Reichweite. Die Ausbildung hat damals schon genau so eine Lawine gekostet wie heute; die fängt irgendwo bei siebzigtausend Euro an, wenn man sie sich selber finanziert. Trotzdem bin ich Pilot geworden, wenn auch nicht beruflich und um einiges später; sobald es sich mit dem Geld ausgegangen ist.

Als Kind und während meiner Pubertät bin ich in Ottakring aufgewachsen. Was soll ich sagen? Zu der Zeit war Ottakring ein von Kriminalität durchzogener Bezirk. Ich bin also mit den Pülchern groß geworden. Mein Stammlokal war das Guggi auf der Thaliastraße, Ecke Wattgasse. Dort waren die Strizzis und die Huren. Und da war immer ein gutes Einvernehmen. Auch, als ab 1976 alle gewusst haben, dass ich jetzt bei der Polizei bin – das hat sie nie geniert.

Zur Polizei bin ich über eine damals ganz neue Ausbildungsart gekommen, die im Jahr 1974 ins Leben gerufen und entsprechend beworben worden ist, weil es zu wenig gute junge Polizisten gegeben hat. Das Ziel war, via B-Matura Offiziere heranzuziehen. Die Ausbildung hat nach der Pflichtschule angefangen – Polizist quasi als Lehrberuf. Der Lernumfang war gar nicht ohne, mit vielen Gesetzestexten und auch mit Unterrichtsgegenständen, die nicht unbedingt »polizeierforderlich« waren, zum Beispiel Englisch, Geographie und Deutsch. Vorher, in den frühen Siebzigern, war es ja im Prinzip so gewesen: Wenn einer seinen Namen hat schreiben können und bis zehn zählen, dann war er schon so gut wie dabei. Am Land hat es sogar richtige Schanghai-Aktionen gegeben, wo Polizisten, die ihre Roots in der jeweiligen Gegend gehabt haben, extra dafür freigestellt worden sind, dass sie die Landjugend für den Polizeidienst anwerben. Da war dieser Lehrgang schon eine deutliche Verbesserung. Es hat eine echte elitäre Aufbruchsstimmung geherrscht, als ich im Jahr 1976 als dritter Jahrgang unserer Schule dazu gekommen bin. Offiziell haben wir »Polizeipraktikanten« geheißen, aber lieber war uns die inoffizielle Bezeichnung »Polizeikadetten«. Das hat besser geklungen. So bin ich zur Polizei gekommen. Mein Vater war nicht wirklich begeistert. Er hat halt seine Zweifel gehabt und gesagt: »Da hättest du gleich im Gymnasium bleiben können.« Recht hat er gehabt.

Der Abschluss mit der B-Matura ist dann leider daran gescheitert, dass die Schule nicht öffentlich-rechtlich war. Die Fächer haben wir zwar gelernt, aber zur Reifeprüfung sind wir nicht zugelassen worden. Das hat sich für meinen Jahrgang, die 76er, leider erst herausgestellt, als die 74er hätten antreten sollen. Trotzdem war die Schule an sich ein Erfolgsmodell. Es hat sie noch bis 1986 weiter gegeben, wobei das Modell auch von der Gendarmerie übernommen worden ist.

Die schirche Geschichte mit dem Ernst Karl

Eine Geschichte gehört noch in die Zeit, bevor ich Polizist geworden bin, obwohl ich mit ihr nur insofern was zu tun gehabt hab, als sie sich um einen Polizeischulkollegen von meinem Vater gedreht hat. Mein Vater ist 1964 bis 1966 in der Polizeischule gewesen, die damals noch recht streng war; da ist auch nicht viel Rücksicht drauf genommen worden, ob einer schon verheiratet war oder ein Kind gehabt hat. Da warst du zwei Jahre lang kaserniert, mit ganz wenig Ausgang. Einer seiner Mitschüler, ein gewisser Ernst Karl, war manchmal bei uns zu Hause zu Besuch. Ein netter, unauffälliger junger Mann, der zu spektakulärer Bekanntheit gelangen sollte.

Der Ernst Karl hat gleich nach der Schule als Sicherheitswachebeamter im zwölften Bezirk angefangen. Zwei Jahre später, 1968, wurde er dann in den Zeitungen zuerst einmal als Held gefeiert. Er hat, so hat es geheißen, auf einer Streife zwei Einbrecher in der Tivoligarage erwischt, einer Autowerkstatt in Meidling, die es heute noch gibt. Die Einbrecher haben auf ihn das Feuer eröffnet, und daraufhin hat er sie alle beide in Notwehr erschossen. Die Öffentlichkeit war begeistert.

Die nachfolgenden Erhebungen haben dann allerdings ergeben, dass die Geschichte in Wirklichkeit eine ganz andere war. Der Ernst Karl war schwul, was niemand gewusst hat und auch niemand hat wissen dürfen. In den sechziger Jahren war das ja nicht nur ein massiver gesellschaftlicher Makel und im Staatsdienst überhaupt undenkbar, sondern es war auch noch ein echter Straftatbestand mit einer Freiheitsstrafe von ein paar Jahren. Heute wäre das vollkommen wurscht, er wäre ein angesehener Beamter, weil: Ein guter Polizist war er ja auf jeden Fall. Aber damals? Es hat sich herausgestellt, dass der Ernst Karl die zwei angeblichen Einbrecher schon länger privat gekannt und mit einem von den Burschen was gehabt hat. Und als die beiden ihn wegen seiner Homosexualität erpresst haben, hat er den Einbruch inszeniert und die zwei schlicht und einfach umgelegt. Er ist

15

wegen den beiden Morden dann zu lebenslanger Haft verurteilt worden und nach Stein gekommen.

Auch im Gefängnis ist der Ernst Karl im Grunde seines Herzens aber immer ein Polizist geblieben und hat sich da auch psychotisch hineingesteigert: Der Aufpasser und der Rächer in einer Person. Ein Mithäftling von ihm war der Mörder und Vergewaltiger Johann Rogatsch, der unter besonders grauslichen Umständen ein junges Mädel umgebracht und zerstückelt hat. Und über diesen Rogatsch hat der Ernst Karl quasi Gericht gehalten. Die lebenslange Haft war ihm für die Verbrechen zu wenig Strafe, also hat er ihn zum Tod verurteilt und das Urteil auch gleich selber vollstreckt: Er hat ihn mit bloßen Händen erwürgt. Der gesellschaftliche Schaden hat sich wohl in Grenzen gehalten, aber der Ernst Karl ist daraufhin in der Maßnahme gelandet und Anfang der Nullerjahre in Stein gestorben.

Dieser ganz schmale Grat zwischen einem, der das Gesetz hütet und einem, der das Gesetz bricht – auf den werd ich noch ein paar Mal zurückkommen.

Wie ich zur Diensthundeabteilung und zu meinem ersten Diensthund gekommen bin

Nach der Schule, ab 1979, war meine erste Dienststelle das Wachzimmer Krottenbachstraße in Döbling. Das war schon als Polizeischüler mein Schulwachzimmer gewesen, und die Ausbildung dort war durchaus solide und gediegen. Aber Döbling war halt traditionell ein Nobelbezirk. Politiker, reiche Leute. Ganz anders als in Ottakring. Es war – wie soll ich sagen? Ereignislos. Für mein weiteres Berufsleben nicht schlecht. Aber als junger Polizist stellst du dir das alles natürlich anders vor. Mit mehr Äktschn.

Zwar gibt es auch in Döbling Bereiche, wo nicht die haute volée daheim ist. Da, wo der Bezirk in die Gürtelgegend übergeht, weit weg von der Cottage. Aber nicht einmal dort ist großartig was passiert. Ich könnt mich konkret an keine einzige Geschichte erinnern. Mir ist klar geworden: Ein Uniformierter will ich nicht bleiben. Die damalige Hauptarbeit von einem uniformierten Polizisten, Verkehrssünden bewältigen und abstrafen – das war für mich nie die Erfüllung, das hat mich einfach nicht interessiert. Für mich ist festgestanden, dass ich Kriminalbeamter werden wollte, und dieses Dasein war für mich nur eine notwendige Zwischenstufe auf diesem Weg, ohne die es halt nicht

17

gegangen ist. Trotzdem bin ich nach der Dienstprüfung in Döbling geblieben. Was weiß ich, warum – vielleicht gibt es so etwas wie ein menschliches Bedürfnis nach Kontinuität.

So ein Wachzimmer ist für alle Bereiche zuständig, und von den Spezialabteilungen hat mich nur eine wirklich interessiert, und zwar die Diensthundeabteilung. Ich bin ja als Kind mit einem Hund aufgewachsen, mit der Susi, einer ganz lieben Langhaardackelhündin, die ein halbes Jahr älter war als ich. Seit die Susi gestorben war, hatte ich keinen Hund mehr gehabt. Dabei habe ich mir immer einen gewünscht, aber meine Eltern waren dagegen und haben gesagt: Auf einen Hund muss man aufpassen, der braucht viel Zeit... Meine Großeltern, die haben im Weinviertel oben zwei Deutsche Schäferhunde gehabt. Von denen war einer ein ausgeschiedener Zollwachhund, und da hab ich auch gelernt, wie man mit großen Hunden umgeht. Also war mir klar: Diensthundeabteilung. Aber dafür brauchst du zuerst einmal einen Hund.

Ob es heute noch so ist, kann ich nicht sagen, weil ich ja seit über dreißig Jahren nicht mehr bei der Hundeabteilung bin, aber damals war eine der Möglichkeiten die folgende: Du findest dir einen jungen Hund und die Republik Österreich übernimmt ihn als Schenkung. Aus rechtlichen und versicherungstechnischen Gründen gehört der Hund dem Staat, so lang er im Dienst ist und so lang du der Hundeabteilung angehörst. Wenn eines davon wegfällt, geht der Hund wieder in dein Eigentum über. Wie ich meinen ersten Diensthund gefunden hab? – Also, das war so:

In Döbling sind wir damals noch viel auf Fußstreife gegangen, was ja nicht schlecht war. Da hat man keine »Grätzlpolizisten« gebraucht, um im Grätzl unterwegs zu sein und Kontakt zur Bevölkerung zu haben. Auf die Tour habe ich einen Automechaniker kennen gelernt, in dessen Werkstatt immer ein schwarzer Schäferhund herumgerannt ist. Der hat alle begrüßt und war überhaupt nicht bösartig, obwohl er Satan geheißen hat. Und wie der Satan eines Tages Vater von einem Wurf Welpen geworden ist, alle genau so schwarz wie er, hab ich mir einen davon gekauft, den Astor.

Die Diensthundeführerausbildung, Tasso Vier und wie das damals war mit dem Respekt. Und mit dem Mann im Gebüsch

Bevor so ein Hund mit der Ausbildung anfangen kann, muss er erst einmal ein Jahr alt werden und dann eine Aufnahmeprüfung bestehen. Da gehört einiges dazu: So ein Polizeihund braucht eine Unterordnungswilligkeit und gleichzeitig eine gewisse Aggressivität, und schussfest muss er natürlich auch sein. Weil, wenn es kracht und der Hund rennt davon, dann ist er nicht besonders geeignet für den Job. Aber mein Astor hat im Jahr 1981, als er ein Jahr alt war, die Aufnahmeprüfung mit Bravour bestanden, und wir sind gemeinsam nach Strebersdorf in die Ausbildung gekommen. Dort war die zentrale Polizeihundeausbildungsstelle für ganz Österreich, nur nicht für die Gendarmeriehunde, das war damals ja noch streng getrennt.

Die Ausbildung zum Diensthundeführer hat drei Monate gedauert. Die ist 1981, als wir dazu gekommen sind, gerade neu geregelt worden, geteilt in zwei Monate Grundausbildung, in der der Hund zum Schutzhund ausgebildet wurde, und einen Monat Fährtenausbildung. Dazwischen, in den Sommermonaten, haben wir schon Praxisdienst machen dürfen. Danach war mein Astor also ein richtiger Polizeihund, und ich war sein

Hundeführer. Das hat dann schon wesentlich mehr Äktschn gebracht. Als junger Hundeführer war ich nämlich als Springer eingeteilt, das heißt, der Astor und ich waren zwar einem bestimmten Wachzimmer zugeteilt, in unserem Fall dem Wachzimmer Westbahnhof im fünfzehnten Bezirk, aber dort waren wir im Prinzip nur selten. Die mobilen Hundeführer sind mit Funk gefahren, benannt von »Tasso Eins« bis »Tasso Fünf«, immer besetzt mit zwei Mann im zwölfstündigen Dienstradel. Und wenn jemand aus diesen Besatzungen ausgefallen ist, hab ich das in der Früh erfahren und bin eingesprungen. Wir waren in ganz Wien unterwegs. Auf den Wohnort ist dabei nicht viel Rücksicht genommen worden.

Ich hab damals noch immer in Ottakring gewohnt, und mein gutes Verhältnis zu den dortigen Pülchern war ungebrochen. Keine wirkliche Freundschaft, natürlich – wie soll ich sagen? – eine friedliche Koexistenz mit gegenseitigem Respekt. Die haben genau gewusst, was ich mach, und ich hab genau gewusst, was die machen... Na ja, nicht im Detail, sonst hätt ich ja einschreiten müssen. Aber dass ein Zuhälter ein Zuhälter ist, das hab ich gewusst, und dass eine Hur eine Hur ist, hab ich auch gewusst.

Zwischen den Pülchern und der Polizei hat ein gegenseitiger Respekt geherrscht. Natürlich mit

Ausnahmen, weil Deppen hat es auf beiden Seiten schon immer gegeben, wer hätte das gedacht! Dieser prinzipielle Respekt hat dafür gesorgt, dass bei den Amtshandlungen eine Handschlagqualität da war. Das hat mir später, als Kriminalbeamter, recht geholfen. Weil: Eine Persönlichkeit haben, das kannst du nicht lernen, aber eine Persönlichkeit prägen, das kannst du. Und dass ich schon als Bub in Ottakring und dann als junger Hundeführer mit den Pülchern gut ausgekommen bin, das hat mich natürlich geprägt. Drum hat das auch später im zweiten Bezirk mit den ärgsten Strizzis für mich immer gut funktioniert. Also mit dem oberen Bereich – die unteren, die Bugln, waren genau solche Trotteln wie heute, die haben außer Gewalt gar nix verstanden. Wenn so einer ein paar Gehirnwindungen mehr gehabt hat als die anderen, ist er ohnehin aufgestiegen, und man hat wieder mit ihm reden können. Dann hat er auch etwas anderes verstanden als eine mordstrumm Watschen. Trotzdem hat sogar der letzte Bugl eine gewisse Fairness anerkannt. Wenn einmal die Rangordnung geklärt war, hat es kein Problem mehr gegeben. Er hätte dir natürlich nie einen Zund gegeben, weil er halt ein Bugl war. Aber getan hat er dir auch nichts.

Um wieder auf die Diensthundeabteilung zurückzukommen: Ich bin relativ bald fix dem »Tasso Vier« zugeteilt worden. Und das ist mir sehr recht gewesen, weil der Tasso Vier war zuständig für den Westen von Wien, damit auch für meinen Heimatbezirk Ottakring. Der Stützpunkt war in der Johann-Staud-Straße, neben der Feuerwehr. Ein Stützpunkt ohne Parteienverkehr – also das war alles andere als zuwider, dass wir uns damit nicht haben herumschlagen müssen. Wir haben deshalb als Ausstattung auch nur eine Schreibmaschine gehabt, nicht zwei, weil die Behörde der Meinung war, das reicht für uns. Und dieses Unikat hat dann eines trüben Tages im Spätherbst den Geist aufgegeben.

Der Tasso Fünf war damals im Prater stationiert – ein großer Stützpunkt, drum hatte der auch zwei Schreibmaschinen. Na gut, holen wir uns also eine von dort. Wir sind zu zweit los, ich bin gefahren, und mein Beifahrer war der Kollege Schurl, der mittlerweile leider schon gestorben ist. Der Schurl war für mich mit meinen dreiundzwanzig Jahren steinalt, er war nämlich schon zweiundfünfzig. Gemütlich war er und behäbig, und er ist nicht schnell unrund geworden, aber wenns so weit war, dann hat er das auch gekonnt.

Fahren wir also über den Handelskai; es ist schon stockdunkel, links von uns die Donauuferbahn, rechter Hand Wald mit Unterholz und Gestrüpp. Bevor wir in die Aspernallee einbiegen

23

können, springt auf einmal vor uns ein Mann auf die Straße und deutet uns ganz hektisch, dass wir anhalten sollen. Ich fahr auf den Gehsteig hinauf, und der Schurl, ganz gegen sein Naturell, springt aus dem Auto, bevor es noch ganz steht, und rennt zu dem, der uns angehalten hat. Ich bin noch beim Auto Absperren, da hör ich: »Halt, Polizei!« und gleich drauf berstendes Holz – ich schau hin und seh keinen Schurl mehr, nur den Passanten, der dort herumgestikuliert. Den Hund herauslassen? Keine Zeit, ich spring so schnell dorthin, wie's geht, und ich seh: Der Schurl liegt im Gestrüpp auf dem Rücken. Er deutet in den Wald und schreit: »Duat rennt des Oaschloch!«

Wie hätte sich mir die Situation anders darstellen sollen, als: Da rennt einer, der hat dem Schurl eine gegeben, wenn nicht noch was Ärgeres, und jetzt flüchtet er. Ich also ihm nach. Ein paar Mal fall ich hin, über die Asteln und die Brombeerranken, immer vor mir dieses Geräusch, dass einer durch das Gebüsch bricht. Der kommt mir aus! Ich zieh die Dienstwaffe, schrei: »Polizei! Stehen bleiben!« und schieß zwei Mal in die Luft. Da ist es auf einmal ganz still vor mir. Ich auch: ganz still. Ich versuch sogar, den Atem flach zu halten, obwohl mir ordentlich die Luft ausgegangen ist. Dann hör ich ein ganz leises Rascheln, bin hin, und wirklich: Da hat sich einer im Gebüsch ver-

steckt! Ich, ganz nach Vorschrift, zuerst Anruf:
»Polizei, keine Bewegung!«, dann fixier ich ihn am
Boden. Hinter mir hör ich dann noch was durchs
Gebüsch kommen, und: »Fritz, ned schiaßn, i
bins, da Schurl«

Worauf ich ganz stolz zurückschrei: »I hob eam
scho, die Sau!«

Das ist natürlich nicht nach Vorschrift. Aber ich
erzähls halt so, wie's war. Und der Schurl – wenn
er einmal narrisch ist, dann ist er narrisch – stürzt
sich auf den am Boden, beutelt ihn und schreit ihn
an: »Du Oaschloch! Wegen dir stich i oida Maun
mir die Augen aus!«

Er hat sich eh nichts getan, aber zornig ist er
halt und beutelt ihn weiter.

Drauf der: »Ned! I bin a Invalid!«

Drauf ich: »Was, und da kannst no so rennen?!«,
und beutel ihn zur Abwechslung auch einmal. Er
war eh kein schwerer Invalide, er hat nur viele
Brandnarben am Körper gehabt

Der Passant, der uns aufgehalten hat, hat später
folgendes ausgesagt: Es ist ihm verdächtig vorgekommen, dass da einer auf der Straße mit einem
Kabinenroller daherkommt, mit einem dreirädri-
gen Motorroller mit Verdeck, auf einmal stehen-
bleibt, aussteigt, sich ganz eigenartig umschaut
und zu Fuß auf die andere Straßenseite in den
Wald hinein wechselt. Dort, beim Prater, haben

gern die Spanner ihr Unwesen getrieben und die Exhibitionisten. Vielleicht war der eh so einer, aber verantwortet hat er sich damit, dass er dringend scheißen hat müssen, und er hat schon einmal zwanzig Schilling Organmandat zahlen müssen, weil er im Freien geschissen hat, deswegen ist er davongelaufen. Und der Schurl, den hat er nicht einmal attackiert, der hat sich schlicht und einfach derstessen. Aber das hab ich ja nicht wissen können!

Haben wir halt eine Perlustrierung geschrieben, weil irgendwie hab ich die zwei Schuss ja erklären und mir refundieren lassen müssen. Das war mit größter Strenge geregelt, und ganz in Ordnung war die Sache ja nicht gewesen, nicht nur wegen dem Beuteln. Ich hab ja vorher nicht einmal vorschriftsmäßig in meine Trillerpfeife geblasen, das war eigentlich das Ärgere. Hab ich also geschrieben, dass mir im Unterholz die Pfeife samt Pfeifenschnur abgerissen ist und ich daher nicht auf dieselbe zurückgreifen konnte, und dass ich die Signalschüsse abgab, um auf meinen Standort aufmerksam zu machen. Na gut, es ist ja nichts passiert. Und die Schreibmaschine haben wir später auch noch geholt, vom Tasso Fünf.

Noch eine Geschichte mit einem, der gerannt ist

Noch so eine Geschichte fällt mir ein, bei der am Ende eigentlich nichts passiert ist, mit dem Unterschied, dass diesmal der Astor dabei war. Was nämlich auch noch zum Tasso-Vier-Gebiet gehört hat, war Döbling, bis hinauf in den Wienerwald. Und im Weingut Cobenzl ist ein paar Mal hintereinander eingebrochen worden, immer zur selben Tageszeit, am späten Nachmittag oder am frühen Abend – heute würde man »Dämmerungseinbrüche« dazu sagen. Deshalb haben wir dort zur passenden Zeit Streife machen müssen. Wir sind auf den großen Parkplatz gefahren, der zu der Zeit immer leer war, sind mit den Hunden herumspaziert und haben geschaut: Sehen wir wen? Sehen wir niemanden?

Eines Tages kommt da wirklich einer heraus beim Weingut, zumindest aus dieser Richtung, und schaut ganz gehetzt. Der schaut aus wie der »böse Einbrecher« in einem Zeichentrickfilm, mit allem, was dazu gehört, eine große Tasche hat er auch noch unterm Arm getragen, das einzige, was ihm gefehlt hat, war eine schwarze Augenmaske. Er sieht uns und rennt los. Wir natürlich Anruf: »Polizei, bleiben S stehn!« – Er schaut einmal zu uns zurück, sieht also ganz sicher, dass wir Polizisten sind – und dann wird er noch schneller!

Daraufhin Anruf: »Polizei, bleiben S stehn, oder i schick Ihner den Hund nach!« Der bleibt nicht stehen. Lass ich den Astor los – vorher hab ich eh geschaut, ob der Maulkorb gut oben ist.

Na ja, der Hund haut ihn nieder. Und in der Tasche – da ist gar kein Einbruchswerkzeug drinnen, nicht einmal eine überzählige Flasche Wein. Da ist gar nichts drinnen außer ein paar Reindeln, die jetzt alle in der Gegend herumfliegen. Wir im Laufschritt hin, den Hund weg, den Mann perlustriert – stellt sich heraus: Das ist ein Arbeiter vom Weingut Cobenzl. Ich frag ihn gleich, warum er denn gerannt ist? – Sagt er, er hat den Autobus erreichen wollen, der fährt um die Zeit nur mehr einmal in der Stunde, und jetzt kommt gleich der letzte. Laut Fahrplan wär der aber erst in einer halben Stunde gefahren; die Ausrede ist also einigermaßen blöd.

Warum ist der gerannt? Ich weiß es bis heute nicht. Haben vielleicht die Reindeln nicht ihm gehört? Aber das waren ganz normale Menagereindeln, also, wenn die dem Weingut gehört haben sollten, wär das deswegen keinesfalls in Konkurs gegangen. Aber er hat sich nicht aufgepudelt, ist nach der Perlustrierung einfach weiter seines Weges gegangen. Und wir, das war halt damals noch einfacher als für die heutigen Kollegen, wir haben nur einen kurzen Eintrag gemacht, dass wir ihn perlustriert haben und dass nix war. Dass ich den Hund losgelassen hab, hab ich wohlweislich gar nicht erst hineingeschrieben. Und bis heute hab ich keine Ahnung, warum der Depp gerannt ist.

Der Astor wird Universalist und später Pensionist

Ein bissl interessanter ist unser Dienst geworden, als der Astor und ich zusätzlich die Suchtgiftausbildung gemacht haben. Da sind wir vor allem gerufen worden, wenn wo etwas nachzusuchen war – als Assistenz, wenn die Kollegen bei einer Amtshandlung nichts oder nicht viel gefunden haben. Und da haben wir manchmal eben doch noch was gefunden, und manchmal halt nichts.

Lange Zeit hat sich hartnäckig das Gerücht gehalten, dass ein Suchtgifthund nur dann ein Suchtgifthund werden kann, wenn er selber vorher süchtig gemacht worden ist. So ein Riesenblödsinn! Das beste Gegenargument: Hast du schon einmal einen Süchtigen hackeln gesehen? – Die Ausbildung funktioniert in Wirklichkeit so, dass die Nasenarbeit mit dem natürlichen Spieltrieb und mit dem Beutetrieb vom Hund verbunden wird, verstärkt durch lauter positive Anreize, versteht sich. Es wird ihm gezeigt, was er riechen soll, und wenn er's dann riecht, wird er recht belohnt, und er wird natürlich auch belohnt, wenn er eben zurecht nichts riecht – das ist besonders wichtig, damit er ja keine Frustrationserlebnisse hat, sondern nur Erfolgserlebnisse. In der Hinsicht ist es den Diensthunden sicher besser gegangen als ihren zweibeinigen Kollegen.

In Wien ist es suchtgiftmäßig in den achtziger Jahren hauptsächlich um Haschisch gegangen und ein bissl um Heroin. Kokain war noch etwas sehr Exotisches und so teuer, dass es sich nur die gestopfte Schicki-Micki-Szene hat leisten können, sicher nicht der Durchschnittsgiftler, der ist schon am Heroin finanziell gescheitert. Das hat pro Gramm je nach Reinheitsgrad zwischen dreitausend und fünftausend Schilling gekostet, das wären nach dem ursprünglichen Umrechnungskurs zirka zweihundert bis dreihundert Euro gewesen. Der Kaufwert lässt sich ganz schwer umrechnen, weil sich alles so stark verändert hat; Gift und Elektronik sind heute im Vergleich zu damals extrem billig, manche Grundlebensmittel viel teurer.

Eines der Probleme beim unkontrollierten, weil kriminellen Verkauf von Suchtgift damals wie heute ist natürlich, dass keiner wirklich weiß, was drinnen ist. Dass der Staat sich nicht durch kontrollierte Abgabe zum Dealer machen will und darf, hat zur Folge, dass ganz unglaubliche Mixturen gehandelt werden, da ist Ziegelstaub noch das Harmloseste. Dann ist Ende der Achtziger der Osten aufgegangen, und es ist auf einmal hochgradig reines Heroin hereingekommen. Mit dem haben sich viele überdosiert, weil sie bis dahin nur den gestreckten Dreck gespritzt und geschnupft haben. Eine richtige Todeswelle, und eines der prominentesten Opfer war der Hansi Dujmic, der 1988 am Gift gestorben ist.

Dass der Astor quasi ein »Universalhund« war, also ein Schutzhund mit einer zusätzlichen Ausbildung als Spürhund, war übrigens nicht ganz unproblematisch. Es war einfach eine finanzielle Frage, bei den Menschen wie bei den Hunden, dass man statt Spezialisten lieber Universalisten gehabt hat. Nur ist es bei Schutzhunden so: Es gibt welche, die liefern eine wunderbare Show, stellen großartig den Täter, und das hebt nicht einmal besonders ihren Adrenalinspiegel. Mit denen kann man hervorragend im Suchtgiftbereich arbeiten. Schwieriger wird es, wenn die Aggression echt ist. Die Suchtgiftarbeit muss ja immer ohne Maulkorb stattfinden, weil der den Hund beim Riechen behindern würde. Theoretisch weiß der Hund natürlich schon, was jetzt von ihm gefragt ist, dass er ohne Maulkorb etwas suchen und niemanden beißen soll – aber was ist, wenn auf einmal jemand eine blöde Bewegung macht?... Und der Astor, mein Gott, der war halt ein Häferl.

Das war aber nicht der Grund, warum ihn der Amtstierarzt dann eines Tages aus dem Dienst ausgeschieden hat. Das Ende seiner Polizeikarriere war mit der Diagnose besiegelt: Hüftgelenksdysplasie. Ich weiß nicht, ob das wirklich gestimmt hat, weil der Astor zwölf Jahre alt geworden ist und bis zum Schluss keine nennenswerten Probleme gehabt hat. Bis zu seinem Tod hat er bei meinen Eltern gelebt, die gleich ums Eck von uns gewohnt haben.

Wie ich zum Arco gekommen bin und wie ich ihm das Wildern nicht abgewöhnt habe

Nachdem mein Astor 1983 in Pension gegangen ist, habe ich einen anderen Diensthund gekriegt, den Arco. Keinen Rottweiler – ich wollt halt lieber einen Hund mit Schwanz, weil ein Hund ohne Schwanz ist kein Hund, und die Rottweiler haben damals noch keinen Schwanz haben dürfen. Der Arco war also ein Deutscher Schäfer wie der Astor – und ein kompletter Narr. Wie er zu mir gekommen ist, hat er schon eine bewegte Geschichte hinter sich gehabt.

Der Arco ist aus einer sogenannten »Schwarzdeckung« hervorgegangen. Ein Polizeihund war ja, wie gesagt, Eigentum der Republik Österreich, deshalb war es aus rechtlichen Gründen verboten, mit ihm zu decken. Das hat aber ein paar Kollegen offenbar weniger interessiert, und so kam unter anderen Welpen auch der Arco zustande. Zuerst hat ihn ein Musiklehrer im Burgenland gekauft, der mit diesem, sagen wir einmal, »wesensstarken« jungen Hund überhaupt nicht zu Rande gekommen ist. Er hat seine Kinder bedroht gesehen und den Arco nach ein paar Wochen dem Hundeführer zurückgegeben. Dieser Kollege – er ist mittlerweile längst in Pension, und ich will mich an seinen Namen nicht erinnern – hat dann den Hund der Polizei verkauft.

Dort wurde der Arco einem auszubildenden Junghundeführer aus Graz zugeteilt, der hatte davor sein ganzes Leben lang noch nie etwas mit Hunden zu tun gehabt. Der hat sich vom ersten Moment an vor dem Arco gefürchtet. Später ist mir eine Geschichte erzählt worden, die ganz brutal zeigt, wie sehr es da mit dem sozusagen »Zwischenmenschlichen« nicht gepasst hat: Einmal bei der Fährtenausbildung geht der Hund an der Zehnmeterleine voraus, auf einmal dreht er ohne einen ersichtlichen Grund um, beißt den Hundeführer in die Hand und nimmt dann seine Fährte ganz gelassen wieder auf... Der junge Polizist hat den Hund trotzdem nach Graz mitgenommen, und um die Katastrophe komplett zu machen, hat es damals für Graz noch eine ausgesprochen frag-würdige, um nicht zu sagen depperte, Sonderrege-lung gegeben: Der Hund wurde quasi als »Dienst-utensil« betrachtet, das heißt, er ging nach dem Dienst nicht mit dem Hundeführer nach Hause, sondern blieb im Zwinger und wurde bei Dienst-antritt wieder »ausgefasst«. Und im Zwinger zu stehen – das war für den Arco die Hölle! Da ist er erst recht aggressiv geworden. Der Jungpolizist hat dann nach einem halben Jahr aufgegeben, ich glaub, er hat sogar die ganze Hundeführerei an den Nagel gehängt, wahrscheinlich eh besser so. Und der Arco ist ein, zwei Monate lang im Zwin-ger gewesen, ohne dass irgendwer mit ihm arbei-ten wollte.

Genau zu dieser Zeit ist mein Astor aus dem Dienst ausgeschieden. Für einen ausgebildeten Hundeführer hat es in dem Fall zwei Möglichkei-ten gegeben: Entweder, du nimmst dir einen »ro-hen« Hund oder einen schon ausgebildeten, dem aus welchen Gründen auch immer der Hundefüh-rer abhandengekommen ist. Im ersten Fall musst du die dreimonatige Hundeführerausbildung noch einmal machen, weil es ja eine Lehrzeit für den Hund genauso wie für den Menschen ist. Im zwei-ten Fall beschränkt sich das Ganze in der Regel auf gerade einmal eine Woche und nennt sich »Ange-wöhnung«. Keine Frage, was mir da lieber war.

Den Arco wollten mir die Abrichteleiter der Hundeabteilung zuerst gar nicht geben. Ich war zu der Zeit schon verheiratet, meine Frau hab ich ein paar Jahre vorher als junger Polizist bei einem Schiurlaub im Salzkammergut kennen gelernt, wo sie her ist, und wir haben zwei kleine Kinder gehabt; der Bub war erst ein Säugling.

Haben die gesagt: »Das geht nicht. Wir wissen von der Aggressivität dieses Hundes!«

Hab ich gesagt: »Scheißts euch nicht an. Den pack ich schon.«

Ich hab ihn aber erst unter der Prämisse gekriegt, dass ich versprochen hab: Ich bau einen Zwinger außerhalb vom Haus, damit er den Kindern gar nicht erst zu nahe kommt. Was ich mir allerdings schon ausbedungen hab, waren zwei Wochen anstatt der üblichen einen Woche »Angewöhnung«. Weil ich gesehen hab: Beim Arco brauch ich allein schon eine Woche, damit er mich nicht frisst, wenn ich in den Zwinger hineinwill. Das ist einer, der schnappt sofort zu, wenn ihm irgendwas nicht passt. Die zweite Woche brauch ich dazu, dass er auch das nicht mehr macht – also, nicht mehr mir gegenüber.

Ich hab ja schon gesagt: Der Arco war ein Narr und ist es auch bei mir geblieben. Er ist zu jedem hingegangen, hat so getan, als wollt er schmusen, aber sobald derjenige versucht hat, ihn zu streicheln, hat er ihn gebissen. Das hat er bei fast jedem gemacht, nur nicht bei meiner Frau, nicht bei meinen Kindern und nicht bei mir. Meine Eltern, die fast täglich bei uns waren und die den Arco auch im Urlaub betreut haben, die hätte er gebissen, wenn sie den Fehler gemacht hätten, ihn angreifen zu wollen, anstatt ihm einfach kommentarlos sein Futter hinzustellen. Aber bei uns im Haus, wir haben damals schon jenseits der Donau gewohnt, da war der wahnsinnige Arco einfach ein normales Familienmitglied.

Im zweiundzwanzigsten Bezirk war mein Funk der »Tasso Zwei«, und die angenehmsten Überstunden waren die Streifen bei der UNO-City. Da haben der Arco und ich im Donaupark unsere Runden gedreht, und er ist dann gern seiner Lieblingsbeschäftigung nachgegangen: Wildern. Auf der so genannten »Papstwiese« im Donaupark waren hunderte Hasen zu Hause – Kaninchen und Feldhasen, bunt gemischt. Ich hab ihn dort immer von der Leine gelassen, und von drei Stunden, die wir unterwegs waren, hab ich ihn zweieinhalb Stunden lang nicht gesehen. Erst vor der Ablöse war er dann pünktlich wieder da.

Zusammengebracht hat er beim Wildern natürlich nicht viel, weil an ein gesundes Wild kommt ein Hund eh nie dran. Trotzdem wollte ich ihm die Sache gern abgewöhnen, und zwar mit dem heutzutage zurecht streng verbotenen »Teletakt«, der damals nicht nur erlaubt war, sondern regelrecht propagiert worden ist. Das ist ein Gerät, das dem Hund bei Fehlverhalten einen leichten Stromschlag verabreicht, ein Mordsapparat – ein dickes Halsband mit rechts einem Riesenkondensator und links einer Riesenbatterie. Jetzt ist ein Hund ja kein Trottel, der merkt natürlich sofort, wenn er das umgehängt kriegt und fünf Minuten später kommt der Stromschlag, wo da der Zusammenhang ist. Deshalb hat man den Hund zuerst mit einer Attrappe ans Tragen gewöhnt, und später ist erst das echte Gerät zum Einsatz gekommen.

Das erste Mal mit dem echten Teletakt ist dann so abgelaufen: Wir kommen zur Papstwiese, der Hund sieht die Hasen, ist schon ganz aufgeregt, ich lass ihn von der Leine, sag: »Sitz!«. Das ist ihm schon wurscht, er zieht los, ich ruf: »Hier!« und drück gleichzeitig auf den Sender. Der Hund kriegt eindeutig den Schlag, hüpft einen halben Meter hoch – und rennt weiter, und rennt aus dem Sendebereich hinaus, und ich seh ihn erst pünktlich nach zweieinhalb Stunden wieder. Daraufhin hab ich das mit dem Teletakt gleich bleiben lassen. Soll er halt wildern, hab ich mir gedacht, fangen tut er eh nichts.

Der Arco stellt einen bösen Mann. Und einen noch böseren

Wenn ich den Arco als Diensthund gebraucht hab, war er immer ganz diszipliniert da, dann waren ihm die Hasen wurscht. Einmal, bei einer von unseren Donauparkrunden, ist da ein Bursch auf einer Parkbank gelegen und hat geschlafen. Ich hab ihn aufgeweckt und er hat mich schlaftrunken angeschaut. Ich hab einen Ausweis von ihm verlangt, er hat in seine Tasche gegriffen – und ein Messer herausgezogen. Der Arco hat das gesehen und war schon auf ihm drauf – er hat zwar den Maulkorb oben gehabt, aber das tut auch ganz schön weh, wenn man den ins Gesicht kriegt. Das Messer ist geflogen, der Arco hat den Burschen fixiert, ich hab ihm Handschellen angelegt und ihn mitgenommen. Hat sich dann herausgestellt: Der war wirklich gefährlich, ein Giftler mit einer schweren Psychose. Da sind der Arco und ich sogar in der Zeitung gestanden, ich hab mir den Ausschnitt bis jetzt aufgehoben.

Einem noch Böseren sind wir bei einem anderen Einsatz im Donaupark begegnet. Meine Hauptaufgabe war, die Außengrenze vom UNO-City-Gelände im Auge zu behalten – fürs Innere gibt es eine eigene Security. Und einmal hab ich über Funk mitgehört, dass in der Einfamilienhaussiedlung hinter dem Donaupark ein Einbruch stattgefunden hat. Der Täter wurde überrascht und ist in Richtung Donaupark geflüchtet. Na, hab ich mich dort mit dem Hund auf die Lauer gelegt und tatsächlich gesehen: Da kommt einer auf mich zu, ohne dass er mich und den Hund bemerkt.

Zu dem Zeitpunkt hab ich weder gewusst, ob das überhaupt der Einbrecher ist, noch, ob er bewaffnet oder auf sonst eine Weise besonders gefährlich ist. Erst später hab ich erfahren: Der war ein Schwerverbrecher. Ein Freigänger, der, kaum war er draußen, gleich wieder seiner Profession als Einbrecher nachgegangen ist. Jetzt hat er aber von der Zeit, wo er gesessen ist, auch noch einen sexuellen Notstand gehabt, drum hat er sich nicht darauf beschränkt, dass er alle Wertgegenstände aus dem Haus ausräumt, sondern hat quasi im Mitgehen auch noch die Tochter vergewaltigt, einen Teenager.

Ich hab ihn angerufen: »Polizei, stehen bleiben!« Aber stehen geblieben ist er nicht. Hab ich den Hund ausgelassen, eh mit Maulkorb. Der Arco hat ihn gestellt, nicht ganz so, wie's sein soll – also »stellen und verbellen«. Verbellt hat er ihn nicht. Nur gestellt. Er ist im Tiefflug auf ihn drauf, hat ihn zu Boden gebracht und fixiert. Er ist über ihm gestanden und hat ihn nicht mehr aufstehen lassen.

Das ist ja so eine Sache: Wenn der Hund einen Maulkorb drauf hat, könnte der Gestellte bei entsprechender Kaltblütigkeit schon etwas dagegen machen. Überhaupt, wenn er ein Messer hat. Aber achtzig Prozent wehren sich nicht, wenn der Hund einmal über ihnen ist und sie womöglich vorher schon den Maulkorb ins Gesicht gekriegt haben. Zumindest war das zu meiner Zeit so. Deshalb hab ich mit dem Arco auch nie einen »scharfen Einsatz« gehabt, das ist, wenn eben kein Maulkorb oben ist. In diesem Fall, bei diesem Schwerverbrecher, wäre auch der scharfe Einsatz gerechtfertigt gewesen. Aber ich hab mich darauf nicht eingelassen. Es war ja damals schon so wie heute: Darüber, was gerechtfertigt ist und was nicht, musst du zwar vor Ort entscheiden, aber geurteilt wird darüber im Nachhinein am grünen Tisch. Und was mach ich, wenn das – rein theoretisch – dann gar nicht der Einbrecher ist, sondern irgendein Spaziergänger, so was wie der Pfeifenstierer vom Cobenzl oder der Invalide mit Stuhldrang? Einer, der nichts gemacht hat und einfach nur blöd ist? Und der Hund beißt ihn? Nein, den scharfen Einsatz vom Hund und von der Schusswaffe, den vermeidet man besser. Was allerdings auch fatal sein kann: Wenn du nicht schießt oder wenn du zu spät schießt, oder wenn du gar nicht schießen kannst, obwohl es gerechtfertigt wäre.

Genau dazu passt folgende Geschichte aus der Tasso-Zwei-Zeit…

In der Brigittenau liegt ein Toter auf der Straße

Es war in Floridsdorf; wir haben Nachtdienst gehabt, es muss schon Mitternacht gewesen sein, und wir haben uns beim Würstelstand am Franz-Jonas-Platz eine Stärkung besorgt gehabt. Gerade, als wir die Hunde wieder ins Auto einladen, kommt über Funk: Zwanzigster Bezirk, Ecke Stromstraße/Leystraße, ein Verletzter nach Messerstich. Wir melden uns gleich an: »Tasso Zwo unterstützt«, und sind wirklich gleich als Zweit-

41

eintreffer da; wir haben ja nur über die Brücke hinüberfahren müssen.

Die Situation hat sich folgendermaßen dargestellt: Am Gehsteig liegt einer am Rücken, der ist tot. Stichverletzung im Oberbauch. Und der Täter ist offenbar flüchtig, weil es ist keiner da. Was eigentlich passiert ist und warum, weiß keiner genau. Andere Funkwägen kommen dazu und bestreifen die Gegend; die ersten Ermittlungen in so einem Fall sind ja immer eher hektisch und gestresst. Auf einmal hör ich, wie einer ganz in der Nähe schreit: »Polizei, stehen bleiben!« Ich dreh mich in die Richtung und seh: Da kommt einer direkt auf mich zu gerannt, mit einem Messer in der Hand, und hinter ihm her ein Inspektor vom »Theodor« – Theodor, das war der Rufname von den Streifen vom zwanzigsten Bezirk. Ich zieh die Waffe und ruf den mit dem Messer an: »Halt, stehen bleiben!« – und darauf reagiert der vom Theodor leider falsch. Er läuft weiter hinter ihm her, anstatt dass er ausweicht. Er bleibt genau in meiner Schussrichtung, drum kann ich nicht schießen, obwohl der Bursch weder stehen bleibt noch das Messer wegwirft.

Erst fünf Meter vor mir ist der dann endlich stehen geblieben und hat das Messer weggehaut, hat die Hände gehoben, konnte fixiert und festgenommen werden. Wenn er das nicht gemacht hätte, was hätte ich dann tun sollen? Herausgekommen ist am Ende, dass der Täter und das Opfer einander nicht gekannt haben. Das Opfer hat in der Gegend gewohnt, offenbar nicht unbedingt in gemütlichen Familienverhältnissen – seine Frau hat ihn hinausgeschmissen. Also ist er dort gestanden, unter seinen Fenstern, und hat hinauf geschrien, weil er wieder hinein wollen hat. Und der Täter, ein junger Bub, bissl über zwanzig, ein Giftler – den hat das gestört, dass der da herumschreit. Sind die ins Streiten gekommen: Der Bub zieht ein Springmesser, eine verbotene Waffe mit einer zwanzig Zentimeter langen Klinge, fährt ihm in den Bauch, trifft ihn gut – und der ist tot. Dann hat er sich hinter einem Auto versteckt, ist von dem Theodor-Kollegen aufgescheucht worden und zurück in Richtung Tatort gerannt. Und dort hab ich ihn dann festgenommen.

Der Bub ist nicht einmal wegen Mordes verurteilt worden, sondern wegen Körperverletzung mit tödlichem Ausgang. Für mich nicht ganz verständlich, weil im Strafrecht gibt es den sogenannten »dolus eventualis«, den bedingten Vorsatz – das ist, wenn der Täter den »Erfolg« – in dem Fall: den Tod – zwar nicht unbedingt will, sich aber »damit abfindet«. Und dass der den Springer nur zum Butterstreichen im Sack hat und dass er nicht damit rechnet, dass eine zwanzig Zentimeter lange Klinge einen anderen umbringt, wenn er sie ihm hineinsticht, das kann mir keiner erzählen. Zu zweieinhalb Jahren ist er verurteilt worden. Die Geschichte war im 83er Jahr, oder 84. Schon damals hat es also solche Sachen in Wien gegeben, und schon damals hat es Urteile gegeben, die schwer zu verstehen sind.

Eine Geburt im Gemeindebau

Eine erfreuliche Geschichte fällt mir aber auch ein, aus dieser Zeit. Da bin ich mit dem Toni gefahren, der später zwar kein Offizier, aber doch der Chef der ganzen Diensthundeabteilung geworden ist. Heute ist er auch schon in Pension, aber damals waren wir noch beide jung. Wir waren in der Nähe der Großfeldsiedlung, da kommt ein Funk rein: »Tasso Zwo, fahren Sie zum Rennbahnweg Nummer sowieso, Stiege sowieso – eine Geburt!« Wir sofort hin. Den Gemeindebau haben wir gleich gefunden, das war nicht schwer, aber dann hat das Problem angefangen. Ich weiß nicht, wie die Stiegennummerierung in den Wiener Gemeindebauten zustande gekommen ist, vielleicht haben die Stadtväter gewürfelt. Die Stiege jedenfalls, sagen wir einmal, es war die dreiunddreißiger, haben wir nicht gefunden. Da war die zweiunddreißiger, da

war die vierunddreißiger, nur die dreiunddreißiger
– die war irgendwo, nur nicht da. Wir sind in dem
Areal herumgefahren und haben sie nicht gefunden. Haben wir gesehen, da geht einer mit seinem
Hund äußerln.

»Sind Sie von da?«

»Ja, ja.«

»Wo ist die dreiunddreißiger Stiege?«

»Ka Ahnung, i wohn auf der achtundzwanzi-
ger.«

Der war keine große Hilfe. Aber dann haben
wir einen gesehen, das war der Nachbar von der
werdenden Mama, und der ist vor der dreiunddreißiger Stiege gestanden und hat gewinkt! Das Kind
war schon so halb da, und wir haben's ganz auf die
Welt gebracht. Ein Bub!

Hab ich zu dem Nachbarn gesagt: »I brauch a
Schnur – zum Nabelschnurabbinden.«

»Wie soll denn die ausschauen?«

»A Schnur halt, a Spagat, a Stückl Wolle!«

Kommt er daher mit einer Wolle, so dick wie
mein Daumen.

»Sie, was soll i denn mit dem? Des is a Kind und
ka Käubl, und draußen is a scho!«

Hat er endlich einen Zwirn gebracht, wir haben
die Nabelschnur abgebunden, wie wir's im Ers-
te-Hilfe-Kurs gelernt haben, und das Kinderl der
Mama auf den Bauch gelegt. Hab ich auf einmal

gesehen, da steht ein Mann in der Wohnung, der vorher nicht da war. Ich hab ihn gefragt: »Wer sind denn Sie? Was machen S denn da?« Und er mit ganz gebrochener Stimme: »I wohn da, i bin der Vater«.

Dann ist irgendwann die Rettung gekommen und hat die Mutter und das Kind ins Spital gebracht. Es war alles in Ordnung, es war ja Gott sei Dank keine komplizierte Geburt – und das Kind haben die Eltern nach uns benannt. Warum die von der Rettung so lang gebraucht haben? Vielleicht haben sie auch die Stiege Nummer dreiunddreißig gesucht, ich weiß es nicht.

Das war einmal ein schöner Bericht, den ich danach geschrieben hab: »Geburt – Mutter und Kind wohlauf«. Wir waren am nächsten Tag noch bei den beiden im Spital, da gibts auch ein Zeitungsfoto davon. Und dann sind von überall Glückwünsche gekommen, als ob wir die Väter gewesen wären. Eine wirklich schöne Amtshandlung – man hat zum Glück nicht immer nur mit Mördern oder mit Hendeldieben zu tun. Oder mit Leuten, die in den Wald scheißen.

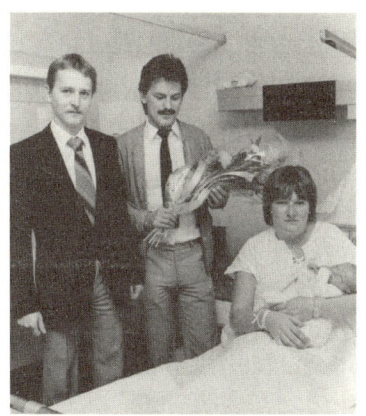

Die Hundestaffel half mit zwei „Hebammen" aus

Zwei Polizisten der Wiener Hundestaffel wurden zu Geburtshelfern, weil der „Storch" sich zuwenig Zeit ließ. Die beiden Beamten waren mit Streifenfahrzeugen und vierbeinigem Begleiter zufällig in der Nähe des „Tatorts" in Wien-Donaustadt, als ein verzweifelter Vater Hilfe sucht, weil seine Gattin plötzlich von starken Wehen befallen wurde. Die Hundestaffel stellte dann zwei versierte „Hebammen".

Ein ungewöhnlicher Einsatzbefehl erreichte die Inspektoren Fritz Kumhofer, 22, und ██████████ 26, am Donnerstag um 2.49 Uhr: Sie sollten zu einer Geburt am Rennbahnweg 27 fahren, wo ██████████ ein Baby erwartete. Die Polizisten glaubten, es handle sich um eine Lotsung, der vor dem Haus wartende Vater bat allerdings um tatkräftigere Hilfe. So assistierten Kumhofer, Vater zweier Kinder, und ██████████ Vater eines Buben, bei der Geburt, nabelten das Baby ab und übergaben Frau und Sohn der Rettung.

Wenige Stunden später besuchten die Geburtshelfer im Spital die Mutter und Sohn und brachten Blumen (Bild).

47

Ich werde Kriminalbeamter, was den Arco fast das Leben kostet. Und die Geschichte mit den kleinen Katzerln.

Im Jahr 1984 hab ich beschlossen, mich über die Aufnahmeprüfung zur Kriminalpolizei drüber-zutrauen. Damit verbunden war eine ernste Frage: Was wird mit dem Arco, wenn ich nicht mehr bei der Diensthundeabteilung bin? Natürlich wollte ich ihn unbedingt kaufen; er war ja nicht mein Eigentum, wie der Astor, sondern Eigentum der Polizei. Zehntausend Schilling hab ich für ihn geboten, das war ein ganzer Monatsverdienst für mich. Die anderen Hundeführer und auch die Ab-richter waren dafür, dass ich ihn kriege, weil sie gesagt haben: Den Hund noch einmal weiterge-ben, das wird nicht gutgehen. Aber die von der Be-hörde haben abgelehnt und gesagt, der Hund hat einen Wert von sechzigtausend Schilling. Das hab ich mir definitiv nicht leisten können. Also ist der Arco in den Zwinger gekommen. Dort ist er zwei Wochen lang gestanden, dann hat er nichts mehr gefressen und nichts mehr getrunken. Der Tier-arzt hat festgestellt, dass der Hund psychosoma-tisch schwer erkrankt ist, aufgrund der Trennung vom Hundeführer, und dass er das wahrscheinlich nicht überleben wird. Und dann – dann haben sie ihn mir geschenkt.

Zwölf Jahre alt ist er bei uns geworden, und ein Narr ist er bis ins hohe Alter geblieben. Jedes Tier, das er draußen vor dem Haus erwischt hat, hat er erbarmungslos umgebracht – sogar Igel hat er tot gebissen, ohne dass er sich dabei selber was getan hätte. Er hat sie mit den Schneidezähnen an den obersten Stacheln gepackt und so lang in die Luft geworfen, bis er sie am Bauch erwischen hat können.

Irgendwann einmal ist dann unsere Katze trächtig geworden. Wir haben aufgepasst, dass der Arco nicht in die Nähe von den Katzerln kommt, haben sie im oberen Stock gehalten – aber die Kinder waren noch klein, und einmal haben sie sie unabsichtlich herausgelassen. Sie waren auf der Stiege, als in dem Moment der Arco hereingekommen ist. Die Katzerln haben ihn gesehen, Buckel gemacht, die Schwanzeln gesträubt und gespuckt. Auch der Arco hat die Katzerln entdeckt. Ich hab mir nur gedacht: Wenn ich jetzt dazwischen geh, dann fährt er erst recht hin. Hab ich also nur ganz leise gesagt: »Aus!« Aber sogar das hätt ich mir sparen können. Weil der Arco ist zu den Katzerln gegangen, hat die Augen zugemacht und ihnen die Schnauze hingehalten. Die haben hingeprackt, wie sie nur können haben – dem Arco ist nur so das Blut herunter geronnen. Wenn er einen Happer gemacht hätte, wären sie weg gewesen. Aber er hat ihnen nichts gemacht, gar nichts. Die haben für ihn zur Familie gehört.

Im Alter war er dann leider schwer am Kreuz bedient. Und wie er sich nur mehr dahinschleppen hat können, ist es mir nicht erspart geblieben, dass ich ihn einschläfern hab lassen. Ich hab danach noch viele Hunde gehabt, aber der Arco war mein letzter Polizeikollege, sozusagen.

Wie war das in der Serie »Kommissar Rex«? – Ah ja, ganz anders: Da ist der Hund gleich am Anfang einem Kriminalbeamten zugeteilt worden, weil sein Hundeführer im Einsatz erschossen worden ist. Hochemotionaler Einstieg, keine Frage – aber so geht das natürlich nur im Fernsehen, nirgendwo sonst. Das hat es so ganz sicher nie in Wirklichkeit gegeben. Einmal, da war ich schon Kieberer in der Leopoldsstadt, da ist eine »Kommissar Rex«-Folge im Prater gedreht worden, und der Regisseur war von sich selber so begeistert, dass er mich gefragt hat: »Wir sind aber schon sehr nah an der Realität dran?« – Ich drauf: »Na jo – die Realität beschränkt sich auf das, wie der Hund ausschaut, und wie die Polizisten ausschauen; der Inhalt... eher weniger.« Das hat er nicht verstanden, und ich hab auch nicht versucht, es ihm zu erklären. Obwohl – die alten Folgen, die mit dem Tobias Moretti, die hab ich mir noch zum Großteil im Fernsehen gegeben. Heute schau ich mir unheimlich gern die bayrischen Kriminal-filme an, »Hubert und Staller« zum Beispiel. Die sind absichtlich weit weg von der Realität und voll mit skurrilen Sachen, einfach unheimlich lieb. Und nicht mit so viel Blut. Oder die »Rosen-heim-Cops« – die rennen dauernd irgendwo her-um und ermitteln irgendwas – aber einen Bericht schreibt dort auch kein Mensch, so weit geht der Realitätsbezug wieder nicht. Wär aber auch nicht wirklich spannend, so gesehen.

Was früher alles anders war in der Kriminalistik und in der Ausbildung

Im Jahr 1984 habe ich also wirklich mit meinem Kriminalbeamten-Ausbildungskurs angefangen. Die kriminalpolizeiliche Arbeit war damals noch lang nicht dort, wo sie heute ist. Heutzutage ist die Ermittlung gar nicht mehr so weit weg von dem, was man in den einschlägigen CSI-Serien von Las Vegas bis New York sieht. Obwohl auch hier wie-der gilt: Es ist in Wirklichkeit nicht wie im Fern-sehen, und ganz selten ist es im Fernsehen so wie in der Wirklichkeit. Obwohl ja zum Beispiel der selige Ernst Hinterberger viel bei uns im zweiten Bezirk recherchiert hat für seine Kriminalromane und auch für seine Fernsehdrehbücher. Ich hab ihn gut gekannt und zur einen oder anderen Recherche auch etwas beitragen dürfen. Die waren dann auch so, dass jemand, der sich in der Szene ausgekannt hat, so manchen Charakter wiedererkennen konnte. Ganz anders als in der Krimiserien-Massenproduktion! Dort machen die Fernsehkieberer ganz selbstverständlich Sachen, die würden wir gern können! Die nehmen zum Beispiel eine schlechte Aufnahme von einer Überwachungskamera und verbessern sie mit einem Fingerstrich so großartig, dass sie jedes Autokennzeichen drauf lesen können. So etwas geht einfach nicht, nicht einmal mit der besten Technik von heute.

Auch mit dem Profiling ist es nicht so wie im Fernsehen. Österreich und gar Wien ist einfach zu klein dafür. In Österreich gibt es einen einzigen echten Profiler, den Doktor Thomas Müller aus Tirol. Der hat zum Beispiel nennenswert zur Ausforschung von Franz Fuchs beigetragen. Aber das ist auch schon der einzige, der mir einfällt. Was aber wirklich ganz immense Fortschritte gemacht hat, ist die Computerforensik: Da gibt es Programme die auch noch die kleinsten Datenfragmente auf einer beschädigten oder zerstörten oder noch so sorgfältig gelöschten Festplatte wieder zu was Verwertbarem zusammensetzen können. Die Computerforensik hat einen riesigen Stellenwert bekommen, nicht nur bei der Wirtschaftskriminalität, bei allem: bei Erpressung, bei Mord, bei Attentaten. Weil, einen Computer hat heute jeder, und allein die Internet-Suchverläufe sagen immens viel über das aus, wofür sich jemand interessiert und was er von Dingen weiß, bei denen er abstreitet, je von ihnen gehört zu haben. Das hat im Jahr 1984 naturgemäß noch überhaupt keine Rolle gespielt. Da hat es ja gerade erst den C64 gegeben, und den nur bei ganz wenigen Leuten. Dafür ist man zum Mond geflogen, mit einer Hardware und einer Software, die heutzutage jedes Motorrad locker in den Sack steckt.

Das Modernste bei den Ermittlungen damals war, dass man eine Blutgruppe hat bestimmen können, wenn man einen Zigarettenstummel mit Speichelanhaftung gefunden hat. Normalerweise war ein Sachbeweis schon mit Fingerabdrücken so ziemlich erledigt, die den Nachteil haben, dass man sie nur ziemlich selten überhaupt abnehmen kann. Im Gegensatz zu einer DNA-Spur, die findest du immer und überall. Dafür musst du mit der DNA noch viel sorgfältiger arbeiten als je zuvor. Da hat es ja in Deutschland vor ein paar Jahren diesen Fall gegeben, bei dem sie aufgrund einer DNA-Analyse eine Verdächtige gesucht haben, die angeblich zwei Polizisten erschossen hat und was weiß ich noch was alles, eine richtige Schwerverbrecherin – und herausgestellt hat sich, dass eine Laborassistentin schlampig gearbeitet und ihre eigene DNA eingebracht hat. Das wirklich Fatale bei so was ist, dass ein guter Verteidiger dann bei jedem neuen Fall drauf hinweisen kann: Wenn so was einmal passiert ist, dann kann es immer wieder passieren; und damit kann er im Prinzip jeden DNA-Beweis infrage stellen.

Die Fortschritte in der forensischen Medizin und in der Computerforensik haben heute dazu geführt, dass diese Bereiche nur mehr von Spezialistinnen und Spezialisten bearbeitet werden können. Diese Entwicklung hat auch eine Kehrseite: Sie bringt die Kriminalistik sehr weit weg von der täglichen Ermittlungsarbeit, wie ich sie in den achtziger Jahren gelernt und so lang praktiziert hab. Und eine derart hohe Spezialisierung bringt mich zum Nachdenken, weil: In der Evolution, das beweist uns die Paläontologie, ist es schon immer so gewesen, dass sich die immer höhere Spezialisierung nur so lang bewährt, wie sich die Umweltbedingungen, die zu ihrer Entwicklung geführt haben, nicht ändern. Wenn sie sich ändern, dann wars das für den Spezialisten: Der stirbt aus, im Gegensatz zum Generalisten.

Als Kriminalbeamter hat man damals jedenfalls einen einjährigen Kurs belegt, mit dem ich im Oktober 1984 begonnen hab. Der hat einerseits die »gesetzliche Ernennungserfordernis zum höheren Beamten« abgedeckt: Verfassungsrecht, Behördenaufbau und das alles. Sicher nicht essenziell wichtig, aber es schadet auch nicht, wenn ein Beamter weiß, wie das Gesetz zustande kommt, das er hütet und nach dem er sich richtet. Andererseits waren da natürlich auch die Fächer, die für den Kriminalbeamten unmittelbar Bedeutung haben: Kriminologie und Kriminalistik in allen Facetten, die es damals gegeben hat. Ich hab zum Beispiel auch Ballistik gehabt, und zehn Stunden Vorlesungen auf der MedUni Wien, auf der Gerichtsmedizin, inklusive einer Obduktion. Natürlich war das »zach«, wie alles, was man lernen muss. Aber eben auch unheimlich wichtig, weil als Bezirkskieberer hast du alles machen müssen, von der Lenkererhebung bis zum Mord, als echter Generalist eben. Und das ist etwas, was den heutigen Kollegen abgeht.

Heutzutage machen die Kriminalbeamten einen Grundkurs und dann weiter mit Modulen, je nachdem, auf was er oder sie sich spezialisieren will. Manche kriegen dadurch eine breitere Basis, dass sie bei ein paar Modulen draufkommen: Halt, das interessiert mich ja eigentlich gar nicht so besonders – und die dann switchen. Aber jedenfalls bist du spezialisiert, bevor du fertig bist, und wirst dann nie woanders eingesetzt. Wenn du zu viel CSI gesehen hast und unbedingt zum Tatort willst, kommst du mit den entsprechenden Modulen natürlich schon dorthin, aber dann hast du von nichts anderem eine Ahnung, nicht einmal davon, wie man den Täter vernimmt, der mit Hilfe deiner Spezialisierung verhaftet worden ist.

/

2. TEIL

Als Kieberer in Floridsdorf. Ein Schuss ins Fenster, eine Orgel und eine Gangbeleuchtung, die immer teurer wird

Die Praxisphase meiner Ausbildung zum Kriminalbeamten in den Sommermonaten 1985 war im zweiten Bezirk. Ich war einem besonders lieben Kollegen zugeteilt, mit dem ich später gemeinsam einen Orden verliehen bekommen habe, aber das ist eine Geschichte, die ich lieber dort erzählen will, wo sie hinpasst. Natürlich wäre es mein Wunsch gewesen, nach dem Kurs als fertiger Kriminalbeamter in die Leopoldstadt zurückzukommen. Aber der ist nicht so schnell in Erfüllung gegangen. Ich bin nach Floridsdorf gekommen, leider Gottes. Nein, es waren doch ein paar schöne Jahre, die ich von 1985 bis 1989 jenseits der Donau verbracht habe, und ich hab eine Menge gelernt. Mit besagtem Kollegen, der jetzt auch schon in Pension ist, habe ich während der Praxis meine erste größere Amtshandlung erlebt. Es ist um eine

Serie von Kellereinbrüchen gegangen, und wir konnten den Täter ausforschen und »seiner Verurteilung zuführen«, wie es so schön heißt.

Meine wirklich erste Amtshandlung als Kriminalbeamter in Floridsdorf war aber relativ banal. Ich bin gemeinsam mit einem ebenfalls sehr lieben Kollegen, unwesentlich älter als ich und nicht viel diensterfahrener, zu einer Sachbeschädigung geschickt worden, nämlich zu einer eingeschossenen Fensterscheibe. In der Wohnung hat eine ganz nette türkische Familie gewohnt. Das Fenster war so ein Holzkastenfenster, mit zwei separaten Flügeln hintereinander. Und sowohl im Innenfenster als auch im Außenfenster war je ein Einschuss. Kreisrund, wie ausgestanzt, die Fenster sind gar nicht zerbrochen, drum haben wir gleich gesehen: Die Löcher sind gegeneinander versetzt.

Weil die Löcher so exakt waren, hat man davon ausgehen können, dass sie kalibergroß sind. Vier, fünf Millimeter – das ist in der Regel ein Flobertgewehr oder eine Luftdruckwaffe. Richtig haben wir auch noch das passende Projektil von einem Luftdruckgewehr gefunden. Im Kurs haben wir genau gelernt gehabt, was da zu tun ist: Den Schusskanal mit einem exakt ausgerichteten Laserstrahl erkennen und abklären. Na ja, hab ich halt einmal durch die zwei Löcher durchgeschaut. Und so hab ich, ganz ohne Laser, eine Wohnung auf der gegenüberliegenden Straßenseite gesehen. Also sind wir erst einmal dorthin gegangen und haben angeläutet.

Es hätte auch anders sein können, aber wir haben gleich auf Anhieb die richtige Wohnung erwischt. Zwei Buben waren da, und die Eltern, und die haben gesagt: »Was, unsere Buben? Nie im Leben! Das gibt es nicht, weil die haben so was gar nicht.« Haben wir aber in der Wohnung auf dem Boden ein paar abgeschossene Stamperln, also Projektile, gefunden. Da haben wir die zwei Buben gleich vor Ort ein bissl befragt, und nach anfänglichem Leugnen hat dann doch der Respekt, den es damals noch gegeben hat, überhandgenommen, und sie haben zugegeben: Ja, sie haben zum Spaß in der Gegend herumgeschossen. Und dabei haben sie auch das Fenster getroffen. Wir haben sie noch zur Vernehmung mitgenommen, und damit war die Geschichte auch schon wieder erledigt. Tätige Reue – das heißt, sie haben die Scheiben gezahlt, und eine Verwarnung bekommen.

Man stelle sich vor, was da heute los wäre: Schusswaffenbesitz und Gemeingefährlichkeit, womöglich ein politischer Hintergrund; die zwei hätten ihr Leben lang nicht einmal mehr ein Schweizermesser einstecken dürfen. Damals war's einfach das, was es ja in Wirklichkeit war: Sachbeschädigung, und aus. Es ist mit mehr Augenmaß vorgegangen worden, ganz ohne Zweifel. Aber es haben ja auch die KollegInnen – mit großem Binnen-I, damit wenigstens einmal in diesem Buch alles politisch korrekt ist – heutzutag schwerer. Was kann alles dazu führen, dass du belangt wirst, dass du selber kriminalisiert wirst? Wir haben noch viel mehr über den Daumen entscheiden können, was eigentlich für beide Seiten besser war. Eine hinter die Ohren – im übertragenen Sinn, weil das hast du früher schon nicht dürfen, und heute darfst du es noch viel weniger.

Ich hab immer gern unterschieden zwischen Täterbezirken und Tatortbezirken. Die Leopoldstadt war sowohl das eine als auch das andere. Döbling war ein typischer Tatortbezirk. Dort hat kein Täter gewohnt. Dort ist er zum Einbrechen hingefahren, und dann wieder nach Hause. Floridsdorf war ein klassischer Täterbezirk – da haben sie gewohnt, aber viele Tatorte hat es dort eigentlich nicht gegeben, außer ein paar Kellereinbrüchen vielleicht und aufgebrochenen Autos. Heute wohnen die Täter nicht in einem anderen Bezirk, sondern fahren aus Bratislava, Bukarest oder sonst woher in die Arbeit nach Wien.

Zu Floridsdorf als Tatort fällt mir aber doch eine Geschichte ein: In der Großfeldsiedlung wars, da hat ein Alleinunterhalter gewohnt. Der hat für seine Auftritte eine Orgel gehabt, heute würde man sagen: ein Keyboard. Ein sündteures Gerät, das damals hunderttausend Schilling gekostet hat. Trotzdem hat er es manchmal, wenn ein Auftritt besonders lang gedauert hat, nicht in den Keller verräumt oder sonst wie gesichert, sondern einfach in seinem Auto gelassen. Und einmal, als er am nächsten Tag zu seinem Auto gekommen ist, hat es einer in der Nacht ausgeräumt gehabt, und seine exklusive Orgel war weg, samt allem Zubehör.

Dass er sofort eine ziemlich hohe Auffindungsbelohnung ausgelobt hat, hat ihm gar nichts genützt. Wir haben die Täter, ein paar Jugendliche, dann mehr durch Zufall gefunden, weil wir sie wegen ein paar anderen Einbrüchen ausgeforscht haben, und bei der Vernehmung haben sie das mit der Orgel gleich mit zugegeben. Sie haben aber auch gesagt, dass sie gar nicht gewusst haben, was sie mit dem Ding anfangen sollten. Weil dazu, dass sie sich einen Hehler gesucht hätten, der ihnen das Trumm abgenommen hätte, hat ihnen alles gefehlt. Und drum haben sie sich gedacht: Bevor die Orgel bei uns gefunden wird und wir deswegen Meier gehen, machen wir sie halt schön klein und hauen sie weg. Und genau das haben sie leider gemacht; zerlegt und auf diverse Koloniakübel verteilt. Jetzt haben wir dem Musiker wenigstens sagen können, was mit seiner Orgel passiert ist. Dem hat natürlich das Herz geblutet.

Und noch eine Geschichte aus der Zeit: Es gibt in Floridsdorf einen riesengroßen Gemeindebau, den Karl-Seitz-Hof. Der hat innen wunderschöne Gangbeleuchtungen gehabt, art déco, aus verkupfertem Messing mit eingeschliffenen Glasscheiben. Eine Tätergruppe ist offenbar draufgekommen, dass man diese Gangbeleuchtungen recht gut zu Geld machen kann. Wir haben schon eine Vielzahl von Anzeigen gehabt, sind den Tätern aber nicht auf die Spur gekommen. Weil da nützt auch kein Streifegehen, das Areal ist einfach zu groß, da kannst du nicht an jede Stiege einen Kollegen zur Überwachung hinstellen

Wir haben das dann in die Zeitung gegeben. Und in Döbling, in der Poschstraße, da gab es einen Altwarenhändler, der hat sich auf das hinauf, was in der Zeitung gestanden ist, gemeldet und hat gesagt, er hat fünf von den Lampen gekauft. Fünf von den dreißig, die bis dahin schon verschwunden waren. Und weil er ein verantwortungsvoller, gesetzestreuer Altwarenhändler war, Altwarengroßhändler sogar, hat er von dem, der ihm die Lampen verkauft hat, eine Führerscheinkopie gemacht, und so sind wir den Tätern auf die Spur gekommen.

Die Gemeinde Wien hat den Schaden, der ihr durch den Diebstahl entstanden ist, mit zweihundertfünfzig Schilling pro Lampe beziffert – im

Durchschnitt, weil die Lampen waren verschieden groß, je nachdem, wo sie aufgehängt waren. Der Altwarenhändler hat für die fünf, die er gekauft hat, zwischen dreitausend und viertausend Schilling gezahlt; weiterverkauft hat er sie um fünf- bis sechstausend Schilling an einen Antiquitätenhändler in der Inneren Stadt, wobei der am Ende für so eine Lampe fünfundzwanzig- oder dreißigtausend Schilling verlangt hat. Eine Wertsteigerung, wie man sie sich nur wünschen kann. Den Tätern ist für den Schaden trotzdem nur der Preis von der Gemeinde Wien berechnet worden, also die zweihundertfünfzig pro Stück.

Eine Leiche auf der Donauinsel. Und Leichen überhaupt

Was auch zu unserem Rayon gehört hat, und was gar nicht zu dem passt, was ich über den »Täterbezirk Floridsdorf« gesagt hab, war die Donauinsel. Ein klassischer Tatort, nicht nur im Fernsehen. Einmal sind wir dorthin zu einer Leiche gerufen worden. Es war kurz nach dem Donauinselfest, das es ja schon seit 1983 gegeben hat; noch nicht in dem Umfang wie heute natürlich; es war erst das zweite oder dritte Mal, dass es stattgefunden hat. Jedenfalls lag da einer im Gebüsch, in einem verschlossenen Schlafsack. Unsere späteren Erhebungen haben ergeben: Das war ein Giftler, der dort das Zeitliche gesegnet hat, an einer Überdosis gestorben oder einfach so, auf alle Fälle kein Fremdverschulden. Es war ein sehr heißer, trockener Sommer, aber eine Beregnungsanlage hat genau dieses Gebüsch von oben schön reichlich bewässert. Die Leich hat also alle Stadien der Fäulnis und Verwesung in sich vereint und hat dementsprechend gestunken wie der Teufel.

Die Feuerwehr hat unter Einsatz schweren Atemschutzes in das Gebüsch ein bissl hineingeschnitten, damit wir zu dem Toten hinkommen. Na gut, hab ich gesagt, was die Feuerwehr kann, das können wir auch. Wir haben bei der damals so genannten Alarmabteilung – das war die Einheit, aus der sich später die WEGA entwickelt hat – angefragt, ob sie uns Gasmasken zur Verfügung stellen, damit wir die Leiche kommissionieren können. Weil kommissioniert hat jede Leiche werden müssen, die sich außerhalb einer Wohnung befunden hat, und notwendig zu so einer Kommissionierung waren jeweils mindestens ein Amtsarzt, ein Jurist und ein Kriminalbeamter. Der Krimineser hat dabei die größte Scheißhacken gehabt, weil er die Leiche entkleiden und umdrehen hat müssen, während der Amtsarzt meist weit weg gestanden ist, weil er sich sonst angespieben hätte, und noch weiter weg ist der Jurist gestanden. Nein, um der Gerechtigkeit Genüge zu tun: Es hat auch Ausnahmen gegeben. Amtsärzte, die sich in eine Leiche buchstäblich hineingekniet haben und drin herumgekrochen sind. Und so eine begeisterte Ausnahme war auch bei dieser Leiche eingesetzt, der Doktor Nikbash, ein gebürtiger Perser.

Der Kopf von der Leiche war schon skelettiert, da war nichts mehr zum Identifizieren übrig. Der Tote hat zwar einen Ausweis eingesteckt gehabt, so einen von den damaligen Straßenbahnausweisen mit einer gepickten Marke und einem Foto; aber wie willst du zwischen einem Passfoto und einem skelettierten Schädel eine Übereinstimmung feststellen? Und auf einmal, schwupp, hat Doktor Nikbash den Schädel in der Hand gehabt und damit ganz liebevoll herumgespielt, vor ihm die Leiche mit dem Bauch voller Maden, das hat gerasselt wie in einer Schlangengrube. Und die Gasmasken, die wir von der Alarmabteilung bekommen haben, die haben – wahrscheinlich aus Ersparnisgründen – keine Filter eingesetzt gehabt. Wir haben uns gedacht, vielleicht geht's eh so auch, nur mit der Membran. Das war leider ein Irrglaube. Nach drei Atemzügen hat es in der Gasmaske drinnen mehr gestunken als draußen. Nichts wie runter damit, haben wir uns halt mit Atemanhalten über die Kommissionierung gerettet.

Dabei hab ich die Arbeit mit Leichen eigentlich immer ganz gern gehabt. Weil sie doch immer eine Abwechslung geboten hat und du ein gewisses kriminalistisches Gespür bei so einer Kommissionierung gebraucht hast. Es war ja in den seltensten Fällen ein Mord, um den es gegangen ist, meistens war es ein Selbstmord oder ein Unfall. Und ich muss sagen, dass der Anblick von einer Leiche, wenn es nicht gerade ein Kind ist, etwas ist, das mich nicht gar so arg berührt. Das kann ich locker wegstecken. Aber der Geruch! Den Geruch halt ich nicht aus, an den hab ich mich nie gewöhnen können, Zeit meines Lebens nicht. Man muss sich ja nur vorstellen: Wenn irgendwo eine winzige Maus liegt und verwest, wie das stinkt. Dann kann man sich ausmalen, wie das riecht, wenn da eine Siebzig-Kilo-Maus liegt und schon wegrinnt. Das kriegst du tagelang nicht aus der Nase. Da hilft auch nichts von dem, was man im Fernsehen so sieht, zum Beispiel Mentholsalbe unter die Nase schmieren oder so. Das einzige, was hilft, ist, sich dran zu gewöhnen. »Wie gewöhnt man sich da dran?« – das hab ich die Gerichtsmediziner und die Prosekturgehilfen öfter gefragt, und die haben gesagt: »Das geht schon. Viel schlimmer, als wenn eine Leiche stinkt, ist, wenn sie infektiös ist.« – Ja, aber das riech ich wenigstens nicht, und wenn die noch so infektiös ist!

Meine Frau hab ich oft gefragt, wenn ich bei einer Leiche war, noch Tage später: »Sag, riechst du nix? Stink ich?« – Sie hat auch damit gelebt, so wie mit der Tatsache, dass ein Kriminalbeamter nicht nach Dienstschluss nach Hause kommt, weil seine Arbeit nämlich erst dann zu Ende ist, wenn der Akt beim Staatsanwalt liegt. Weil vom Moment der Verhaftung an tickt die Uhr, du hast nur achtundvierzig Stunden Zeit, bevor du den Verhafteten wieder auslassen musst. Das ist alles nicht familienfreundlich. Aber meine Frau hat sich nicht scheiden lassen von mir, trotz allem nicht.

Der Rote Heinzi, der Wesely Berndi, die frühere Wiener Platten und wie das heute so ist

Wie ich noch in Floridsdorf war, gehörte zu meinem Rayon ein gewisses Café Corso. Heute steht nicht einmal mehr das Haus, in dem es war. Eines Tages ist der Wirt zu mir gekommen und hat mich gefragt, ob sie bei ihm »Stoß« spielen dürfen. Stoß, das berüchtigte »verbotene Glücksspiel« – eigentlich ein absolutes Deppenspiel: Man setzt darauf, dass beim Abheben bestimmte Karten kommen, und wie bei jedem Glücksspiel ist der einzige sichere Gewinner die Bank. Stoß ist in ganz Wien gespielt worden, und überall, wo es gespielt worden ist, hat der legendäre Rote Heinzi seine Hand drauf gehabt. Ich weiß auch nicht genau, wann und warum es eigentlich verboten worden ist – die Gewinnchancen sind zwar sehr gering, und du kannst unglaublich schnell unglaublich viel Geld verlieren, das ist aber im Prinzip nicht anders als beim hochnoblen Roulette. Wahrscheinlich hat man das staatliche Glücksspielmonopol in Gefahr gesehen. Na ja – Stoß war jedenfalls noch dem Buchstaben nach verboten, aber das Verbot ist nicht mehr wirklich exekutiert worden. Also hab ich zu dem Wirt gesagt: »Pass auf: Wenn ich im Gegenzug von euch den einen oder anderen Hinweis auf eine Straftat krieg, dann könnts ihr von mir aus spielen.«

Der Wirt war quasi nur der Vermittler. Beim eigentlichen Treffen ist niemand geringerer als der Rote Heinzi persönlich mit seinem Rolls Royce vorgefahren. Auch ihm hab ich gesagt: »Gut, ich werd im Corso nicht kontrollieren, ob gespielt wird. Ich geb euch aber keinen Hinweis, falls wer anderer kontrollieren kommt – so viel muss klar sein. Das ist euer Risiko. Und ich will von euch den einen oder anderen Zund. Aber schon einen, der passt, nicht irgendein Wischiwaschi, wegen dem ich renn, und es kommt am Ende nichts heraus.«

Sie haben dann nicht einmal Stoß gespielt, sondern Seven-Eleven, ein Würfelspiel, das du sogar im Casino spielen kannst – aber eben nur dort, wegen dem Glücksspielmonopol. Im Hinterzimmer war es verboten. Und wirklich hab ich im Gegenzug ein paarmal sachdienliche Hinweise gekriegt – am meisten auf Gift. Weil einen Giftler legt dir die Rotlichtszene eigentlich eh ganz gern auf: Der ist geschäftsstörend, du kannst dich nicht auf ihn verlassen, er ist lästig; die »echten« Verbrecher sind ganz froh, wenn du so einen für sie entfernst.

Der Rote Heinzi war der Capo des gesamten organisierten Verbrechens in Wien – organisiert in dem Sinn waren ja nur das Rotlicht und das illegale Glücksspiel, also alles, bei dem es darauf ankommt, dass man sich nicht gegenseitig ins Gehege kommt. Er hat überall seine Hand drauf gehabt. Später, als der Rote Heinzi behäbiger und langsamer geworden ist, hat die Rotlichtszene aufgehört, organisiert zu sein, weil: Nachfolger hat er keinen gefunden. Die Jungen, die aus dem ehemaligen Ostblock gekommen sind, waren zu deppert dafür, und die paar Urgesteine sind mit dem Alter schmalzfeig geworden und haben gesagt: Ich hab genug Geld, ich riskier nicht mehr, dass ich Meier geh. Der letzte, der noch einigermaßen groß ins Geschäft einsteigen wollte, war der Wesely Berndi. Der war ein ganz kleiner Mann, also von der Körpergröße her, aber gefürchtet, weil er gewusst hat, dass er Leukämie hat und nicht mehr lang leben wird – drum war ihm alles wurscht. Er hat nicht nur gedroht, sondern gleich Taten folgen lassen. Aber sonst, quasi »privat«, war er eigentlich ein ganz netter Mensch, sehr interessiert an Hunden und an der Ornithologie... Der Rote Heinzi hat nicht wirklich was dagegen gemacht, dass der Wesely Berndi die Unterwelt ein bissl aufgemischt hat. Er hat ja auch gewusst, was mit ihm ist und dass sich das Problem über kurz oder lang von selber erledigen wird. So war es dann auch. Später, im Jahr 2015, hat dann der Rote Heinzi gemerkt, dass es jetzt auch mit ihm gesundheitlich zu Ende geht. Da hat er die Konsequenz gezogen und sich umgebracht.

Eine österreichische Kriminalität in dem Sinn, also eine Wiener Platten, die gibt es heute nicht mehr. Und mir waren halt die Pülcher, bei denen ich keinen Dolmetscher gebraucht hab, damit sie mich verstehen und ich sie, noch immer lieber als die, bei denen es nicht so ist. Wie will der Dolmetscher denn bei einer Einvernahme so etwas übersetzen wie die Körpersprache, die Untertöne, die kleinen Details? Das kann sich niemals ausgehen. Der sitzt einfach dazwischen und übersetzt mehr oder weniger gut, was ich sag, und was der sagt. Ein Beispiel möcht ich erzählen, wie das früher so war. Es war in meiner Zeit in der Leopoldstadt, da hab ich einmal einen angerufen, einen alten Galeristen, und zu ihm gesagt:

»I hab da an Haftbefehl – Waaßt eh, wie langst
hast, fahrst ein auf an Zwara.«

»Passt scho, waaß eh – i hab eh scho gwart, dass
kummz.«

Ich drauf, alles am Telefon: »Kummst oder soll
ma di hoin?«

»Mir warats liaba, wannst ma no zwa Tog Zeit
gibst.«

»Na sa guat, bist derweil no ned ausgschrieben.
Aber in zwa Tag bist da.«

Und nach zwei Tagen war er wirklich da, mit
zwei Billasackeln in der Hand, voll mit Tschick
und Wodkaflaschen: »Aber unt in Häfen setz i mi
net.«

Sind wir die ganze Nacht in der Küche sitzen
geblieben und haben miteinander getrunken, bis
es für ihn Zeit war, dass er sich in den Kurswagen
setzt und ab in die Liesel, und von dort ins Einser. Und alle waren zufrieden. So hat das funktioniert mit der Handschlagqualität, und das ist von
beiden Seiten anerkannt worden, ohne dass man
deswegen gut Freund gewesen wäre – es war ein
gegenseitiger Respekt.

Wohlgemerkt, das alles hat vor allem für die
Rotlichtszene gegolten. Die Giftszene war schon
damals was komplett anderes. Wenn einer ein

Suchtgifthändler wird, ist er ja meistens darüber dazu gekommen, dass er selber ein Giftler ist, und auf der Ebene gibt's kein Vertrauen. Wenn ein Giftler kracht, dann verkauft er sogar seine Großmutter, und wenn er drauf ist, ist er schwer paranoid. Weil sich alle das Hirn weggeschnupft oder weggespritzt haben, was auch immer.

Ob Giftler oder nicht – heutzutag kannst du mit keinem mehr wirklich reden. Es hat sich alles verschoben. Heute ist das Verbrechen von Gruppierungen aus dem Ausland geprägt, die sich auf einzelne Bereiche spezialisiert haben. Das ist jetzt nicht nur meine Erfahrung, das geht so auch aus den Daten vom BMI hervor. Ottakring und der zehnte Bezirk, vom Gürtel bis zur Stadtgrenze – das ist alles fest in osmanischer Hand, von der Kriminalität her. Die größte Gewaltbereitschaft ist bei den tschetschenischen Gruppen und Banden. Ich hab auch null Verständnis, warum die so behandelt werden, wie sie behandelt werden, seitens der Behörden. Wenn einer bei laufendem Asylverfahren heim auf Urlaub fährt: Wie ist der bitte verfolgt? Wie geht das? Unter den Kasachen gibt es auch arge, aber die sind nicht so gewaltbereit.

Wenn jemand einmal da ist und Probleme macht, dann ist es ja eigentlich schon zu spät. Man müsste vorher selektieren, wer hereinkommt und wer nicht. Afghanen sind die Haupttäter im Sexualbereich. Wenn ich mir einen Afghanen anschau: Ja klar, in seiner Heimat geht's zu, dort will ich auch nicht sein – aber es gibt sicher auch Landstriche, wo er relativ unbehelligt leben könnte. Wie oft liest man in der Zeitung, dass bei der Festnahme eines Afghanen zwei, drei Polizisten verletzt worden sind... Das extrem Gewaltbereite, das hierarchische Denken, kannst du nicht auf einen Bürgerkrieg zurückführen, der gerade dort herrscht. Das geht schon seit Jahrhunderten so.

Ich glaube, es geht darum, dass das Volk absichtlich uninformiert gehalten wird, um die Probleme harmlos zu halten und Ressentiments zu vermeiden. Da wird lieber einer auf freien Fuß gesetzt, so wie dieser Afghane, den sie am Donauinselfest bei einer Vergewaltigung erwischt haben – das war politisch unangenehm, drum haben sie ihn gleich wieder ausgelassen, und ein paar Monate später war dann der Haftbefehl für ihn da, weil er's wieder gemacht hat. Oder der bosnische Amokfahrer in Graz – der ist jetzt als Narr in der Maßnahme, obwohl auf dem Tisch gelegen ist, dass er vor seiner Tat Kontakt mit einem Hassprediger gehabt hat, und obwohl jeder gesehen hat, dass er bei der Verhandlung ganz in weiß aufgetreten ist – nein, das hat kein extremistischer Hintergrund sein dürfen, das war eine Psychose. Natürlich kann es mir als

Opfer oder als Angehöriger eines Opfers scheiß-
egal sein, ob mich jetzt ein Depperter niederhaut
oder einer mit voller Zurechnungsfähigkeit und
irgendeiner verqueren Ideologie. Aber alles zu ver-
schweigen, das ist doch schwachsinnig, und macht
auch nichts besser.

Quasi ein Zwischenspiel. Traiskirchen, und warum ich danach nicht mehr nach Floridsdorf zurückge-kommen bin

Floridsdorf hat Ende der achtziger Jahre einen
neuen Leitenden bekommen, nennen wir ihn
Maier. Ein äußerst überheblicher Mensch, der
geglaubt hat, die Weisheit für sich gepachtet zu
haben, noch dazu hat er so ein näselndes Schönbrunner Deutsch gesprochen. Er war ein Bekannter von meinem Vater, deshalb hat er mich aber
nicht freundlicher behandelt, sondern eher im
Gegenteil, mit noch weniger Respekt als die anderen.

Das war aber nicht der ausschlaggebende
Grund, warum ich mich sofort gemeldet hab, als es
im Jahr 1989 eine interne Ausschreibung gegeben
hat. In Traiskirchen haben sie dringend Leute für
die Erstbefragung von Flüchtlingen gesucht, weil
der Ansturm in die Anlaufstelle so groß geworden

ist, dass die Kollegen von der Sicherheitsdirektion Niederösterreich nicht mehr mit der Arbeit fertig geworden sind. Der größte Anreiz war für mich, ehrlich gesagt, dass es eine beträchtliche Zuteilungsgebühr und viele bezahlte Überstunden gegeben hat. Zusammen hat das mehr ausgemacht als mein normales Gehalt.

Die Erstbefragung der Eintreffenden hat immer nach einem bestimmten Schema stattgefunden: Der erste Teil hat den persönlichen Werdegang betroffen, also die schulische und berufliche Ausbildung, die Religion und so weiter; der zweite Teil dann die Fluchtgründe und die Beschreibung des Fluchtweges.

Weil das Lager in Traiskirchen damals bereits aus allen Nähten geplatzt ist, wurden die Flüchtlinge oft schon vor ihrer Erstbefragung in verschiedene sogenannte »Dependencen« in ganz Niederösterreich verlegt: Das waren meistens Gasthäuser, in denen die Menschen untergebracht und versorgt wurden. Natürlich gegen Bezahlung, und davon konnten diese Gasthäuser ganz gut leben. Die Erstbefragungen haben dann dort vor Ort stattgefunden, das war auch für unsere Teams ganz angenehm, weil uns die Wirtinnen und Wirte meist sehr freundlich behandelt haben.

Die Zeit, in der ich für Traiskirchen gearbeitet habe, war natürlich insofern besonders interessant, als ich den ganzen Zusammenbruch des Ostblocks quasi eins zu eins miterlebt habe: Die Ostdeutschen, die Bulgaren, die Rumänen – wie sich die gefreut haben, wie der Ceaușescu erschossen worden ist! Durch die Erstbefragungen hab ich einiges gelernt, was ich vorher nicht gewusst hatte. Zum Beispiel gab es viele bulgarische Flüchtlinge, und zwar Bulgaren türkischer Abstammung. Die haben bei den Fluchtgründen immer das Gleiche erzählt: Sie durften in Bulgarien ihre Religion nicht ausüben, sie durften keinen Fez tragen und sie wurden im Rahmen der staatlich verordneten Bulgarisierung überhaupt schlecht behandelt. Eines Tages ist eine bulgarische Mutter mit ihren vier erwachsenen Söhnen im Transitraum des Flughafens Schwechat angekommen; die sollten wir sofort einvernehmen. Ich hab also die Mutter nach den Namen ihrer Kinder gefragt. Und die hat in allem Ernst drauf gesagt: Das wüßte sie nicht. Ich hab zuerst nicht gewusst, was das soll: Will sie mich frotzeln? Bis ich draufgekommen bin: Zu den zahlreichen Maßnahmen, mit denen der Staatschef Todor Schiwkow die türkische Minderheit schikaniert hat – obwohl die ja seit ein paar Jahrhunderten dort ansässig war – hat auch gehört, dass islamische Namen irgendwann plötzlich illegal waren. Alle mussten »bulgarisiert« werden: Der Dawud war auf einmal ein Daromir, der Idris ein Ignat, ganz, wie es der Obrigkeit eingefallen ist. Und die arme Frau, besonders gebildet oder gescheit war sie ja nicht, war davon noch so eingeschüchtert, dass sie sich vermutlich gedacht hat: Was weiß ich, was der jetzt hören will? Besser ist es, ich sage ihm: Ich weiß nicht, wie meine Söhne heißen.

Rumänen haben wir so viele gehabt, vor allem aus der »fahrenden Minderheit«, dass ich bei den Erstbefragungen sogar einigermaßen Rumänisch gelernt hab – die ersten zwei Seiten vom Erstbefragungsformular habe ich mit der Zeit schon fast ohne Dolmetscher geschafft. Die Fluchtgründe waren ja ohnedies immer die gleichen: Der Nachbar war bei der Securitate, das ganze Umfeld war bei der Securitate; man durfte nicht »Radio Free Europe« hören; es gab keine Perspektiven – das ist bei praktisch allen vorgekommen. Und was auch bei fast allen gleich war: Es hat vorher schon mindestens einen Fluchtversuch gegeben, meistens zwei, weshalb er oder sie im Gefängnis gelandet ist. Die Frauen sind nicht so lang gesessen wie die Männer, dafür sind sie vergewaltigt worden. Es wird, jedenfalls zum großen Teil, wohl wirklich so gewesen sein. Bei ein paar von den Burschen haben dir allerdings schon auch Zweifel kommen können, weil sie längere Haftstrafen für ihre Fluchtversuche gekriegt haben wollten als sie laut ihrem »buletin de identitate« überhaupt alt waren. Das waren halt keine besonderen Leuchten.

Das »buletin de identitate«, so ein kleines graues Büchlein, hat praktisch jeder Rumäne gehabt. Wenn einer stattdessen einen Reisepass vorgelegt hat, hast du mit einiger Sicherheit davon ausgehen können, dass er ein Spion war. Einer von denen ist mir besonders in Erinnerung geblieben – der ist im feinsten Zwirn mit seinem eigenen Auto vorgefahren, einem Oltcit, was in den achtziger Jahren eine ziemlich hochwertige rumänische Lizenzproduktion von Citroën war, die sogar in den Westen exportiert worden ist. Er hat erzählt, dass er Verwaltungsbeamter gewesen ist, und als Fluchtgrund ist von ihm einmal ganz was anderes gekommen als von den anderen: Der Ceaușescu, sagte er, hat den Zigeunern immer mehr Rechte eingeräumt, fast schon so viel wie einem »echten« Rumänen, und das hat er nicht mehr ausgehalten. Asyl hat er auf das hinauf nicht gekriegt. Die allermeisten anderen Rumänen allerdings auch nicht.

Eine weitere große Gruppe waren die Türken. Bei ihnen war eins sehr eigenartig: Als Türke hast du damals kein Visum gebraucht, um nach Österreich zu kommen; du hättest dich einfach um dreitausend Schilling in ein Flugzeug setzen, bequem und mit Bordverpflegung herkommen und dein Asyl beantragen können. Aber nein: Die meisten haben einem Schlepper zwanzig- oder fünfundzwanzigtausend Schilling dafür gezahlt, dass sie in einem LKW zusammengepfercht über irgendwelche Grenzübergänge gebracht und irgendwo hinter Spielfeld hinausgeworfen worden sind. Asyl hat trotzdem kaum einer von ihnen gekriegt, nicht einmal die Kurden.

Ich hab für die Türken einen Dolmetscher gehabt, einen Österreicher, der in Istanbul aufgewachsen ist, weil sein Vater dort Deutsch unterrichtet hat. Dadurch hat er Türkisch gesprochen wie eine zweite Muttersprache. Ob das, was er mir erzählt hat, jetzt genau so stimmt oder zur damaligen Zeit gestimmt hat, traue ich mich nicht zu beurteilen. Er hat berichtet, dass die Kurden im Großteil der Türkei nicht wirklich verfolgt waren; das Ärgste war, dass über sie ein paar Witze nach dem Strickmuster von unseren Burgenländerwitzen erzählt worden sind. Brutal war es für sie allerdings im kurdischen Teil des Landes, auch wenn sich die Menschen in den Dörfern dort überhaupt nicht für die Politik interessiert haben: In der Nacht hat die PKK alles zwangsrequiriert, was sie an Geld und Lebensmitteln gefunden hat, und am Tag darauf ist das Militär mit ärgsten Repressalien gekommen, weil die Leute die PKK unterstützt hätten. Die waren wirklich arm dran.

Einer, der sicher nicht zu dieser wirklich unterdrückten Gruppe gehört hat, war ein Student aus Ankara. Auf die Frage nach seiner Muttersprache hat er geantwortet: Türkisch. Und als einen seiner Fluchtgründe hat er angegeben: Er durfte nicht Kurdisch sprechen. Und auf meine Frage hin, wie das zusammenpasst, hat er gesagt: Nein, er kann eh nicht Kurdisch – aber wenn er es könnte, dann dürfte er es nicht sprechen. Das wird nicht ganz als Fluchtgrund reichen, hab ich ihm mittels dem Dolmetscher klar gemacht – war er denn vielleicht irgendwelchen Repressalien oder einer Polizeibrutalität ausgesetzt, als Kurde? »Ja, ja!«, hat er gesagt, und gleich erzählt: Er war mit anderen Kurden in Ankara in einer Halle, wo sie ein Fest gefeiert haben. Und auf einmal hat jemand gerufen: »Die Polizei kommt!«, und als alle aus der Halle hinausgelaufen sind, ist er hingefallen und hat sich den Arm gebrochen. »Und da hat dich dann die Polizei festgenommen?«, hab ich gefragt. »Nein, die ist gar nicht da gewesen, falscher Alarm.« In so einem Moment bei der Einvernahme hab ich schon auf meinen Adrenalinspiegel aufpassen müssen.

Ursprünglich wäre es ja so geplant gewesen, dass ich nach meiner Zeit in Traiskirchen wieder nach Floridsdorf zurückgehe – aber das ist dann doch anders gekommen, und zwar wegen des unguten Verhältnisses, das sich zwischen dem neuen Floridsdorfer Chef, dem Maier, und mir herauskristallisiert hat. Zu einem richtigen Eklat ist es bei seiner Einstandsfeier gekommen. Ich war eingeladen und bin auch hingegangen, obwohl ich zu diesem Zeitpunkt schon in Traiskirchen gearbeitet habe – aber, wie gesagt, noch mit der Perspektive, dass ich in ein paar Monaten wieder in Floridsdorf sein werde. Und irgendwann, wie wir schon alle zwei nicht mehr nüchtern waren, hat er mich überall hin verfolgt, wo ich gestanden und gegangen bin, und ist mich ununterbrochen angegangen in seinem Schönbrunner Deutsch – weil ich mich vor meinem Wechsel nach Traiskirchen nicht persönlich bei ihm abgemeldet hätte: »Das ist ein Bruch der Etikette! Ein Bruch der Etikette! Dein Vater war nicht so ein Trottel wie du!«

Am Anfang hab ich ihn noch ganz geduldig darauf hingewiesen, dass ich mich gar nicht persönlich bei ihm hab abmelden können, weil er zu der Zeit grad auf Urlaub war, und dass ich mich bei seiner Vertretung, dem dienstältesten Beamten in Floridsdorf, sehr wohl abgemeldet habe. Aber weil er nicht und nicht aufgehört hat, mich zu sekkieren, ist es mir dann endlich doch zu viel geworden, und – na ja, was soll ich sagen? Es haben Kollegen einspringen müssen, um Handgreiflichkeiten zu verhindern.

Eines muss man dem Maier lassen: Er hat die Geschichte mir gegenüber nie ausgenutzt, von einem Disziplinarverfahren war schon gar keine Rede. Aber ich hab von selber gesagt: Nach Floridsdorf geh ich nicht mehr zurück, weil da kann es keine professionelle Zusammenarbeit geben. Und weil zu der Zeit in der Leopoldstadt eh auch wieder einmal Personalmangel geherrscht hat – wann und wo denn nicht bei der Polizei? –, bin ich nach meiner Traiskirchener Zeit wunschgemäß in die Leopoldstadt versetzt worden.

Ich war schon lang weg aus Floridsdorf, da nahm auch die Zeit des Maier dort ein Ende. Und zwar, als den Floridsdorfer Kollegen eine große Amtshandlung spektakulär in die Hosen gegangen ist. Die Details sind eigentlich wurscht, aber die Sache ist in den Medien rauf und runter aufgebauscht und der Maier für den ganzen Skandal verantwortlich gemacht worden. Dabei muss ich sagen: Er hat nicht wirklich was dafür können, es war eine blöde Geschichte, bei der seine Leute eigenständig und ohne sein Wissen gehandelt haben. Aber er war halt der Leitende, und wegen seiner überheblichen Art auch bei seinen Offizierskollegen nicht wirklich beliebt. Also hat er ordentlich auf den Deckel gekriegt, ist zuerst versetzt und dann in die Pension geschickt worden – und die hat er nicht einmal mehr genießen können. Er hat ein Häuserl gehabt, in Südschweden, wo er schon vorher immer seine Urlaube verbracht hat.

Und in der zweiten Woche seiner Pension ist er dort gefunden worden, im Meer treibend, tot. Offenbar hat ihn beim Fischen der Schlag getroffen. Der Maier hat mich nicht leiden können und ich ihn auch nicht. Aber so ein tragisches Ende hab ich ihm bestimmt nie gewünscht.

Als Kieberer in der Leopoldstadt. Die Red Brothers, der Bürgermeister, die Juristen und ein U-Richter

Fünf Jahre nach meiner Einschulung als Kriminalbeamter bin ich also 1990 wieder in meinem ehemaligen Schulkommissariat gelandet, in der Leopoldsgasse. Die Leopoldstadt war ein richtiger Hotspot der Kriminalität, in praktisch allen Facetten. Auch andere Bezirke haben ihre hohen Kriminalitätsraten gehabt, zum Beispiel Favoriten, Ottakring oder Rudolfsheim-Fünfhaus – aber kein anderer Bezirk war dermaßen breit spektriert. In der Leopoldstadt hat es alles gegeben: Das Rotlicht im Stuwerviertel, das illegale Glücksspiel in den Kaffeehäusern, den Suchtgifthandel im Kleinen am Praterstern und im Großen eh überall; außerdem jede Menge Einbrüche, Gewalttätigkeiten – als Kieberer ist dir in diesem Rayon nicht fad geworden.

Gleich am Anfang, 1990 oder 1991, hat sich im

Prater eine Bande von Türkenbuben im Alter zwischen zwölf und siebzehn Jahren herumgetrieben. Ihr Markenzeichen war ein rotes Tüchel, um den Hals oder um den Oberschenkel gebunden; drum haben sie sich die »Red Brothers« genannt. Die sind meistens beim Kern-Autodrom herumgelungert, das ist der Fahrbetrieb in der Nähe vom Riesenrad, wo in der Mitte der Watschenmann steht und von den Autos herumgestoßen wird. Was die Red Brothers nicht gehabt haben, war Geld, und auf einmal haben sich im Wurstelprater die Raubüberfälle gehäuft – also, Raubüberfälle nach dem Buchstaben des Gesetzes. In Wirklichkeit war es so, dass sie anderen Jugendlichen das Geld weggenommen haben, und wenn sie es nicht freiwillig hergegeben haben, hat es ein paar Watschen gesetzt. Zehn bis hundert Schilling hat so eine Beute ausgemacht, mehr haben die Opfer ja auch nicht eingesteckt gehabt – aber: Raub ist Raub, und an manchen Spitzentagen hat es gleich vier, fünf solche Raubüberfälle gegeben, und die ungeklärten Akten haben sich bei uns auf dem Tisch gehäuft. Das geht so nicht weiter, hat unsere Führung gesagt, da muss was geschehen. Aber was? Mein Vorschlag, dass wir halt mehr Streife gehen müssen, ist brüsk abgewiesen worden, weil das Überstunden gewesen wären, und die hätten Geld gekostet.

Dann haben an einem Samstag im September die Kinderfreunde im Prater ein Fest für behinderte Kinder veranstaltet. Unser Bürgermeister, der Herr Doktor Zilk, hat die Patronanz übernommen und war persönlich anwesend. Mein Freund Karli, der später ein hohes Tier bei einer LKA-Außenstelle war und heute in Pension ist, und ich, wir haben dem Herrn Bürgermeister Personenschutz gegeben. Ohne Tamtam, wir sind ihm nicht einmal vorgestellt worden, wir waren einfach vor Ort. Andere Politiker und Großkopferte waren auch da, von unserem Amt sogar der Herr Stadthauptmann persönlich, der ist immer um die Gitti Ederer herumscharwenzelt beim Spazierengehen.

Um die Zeit hatten sich die Red Brothers vom Kern-Autodrom zum F1 auf der Straße des 1. Mai verlagert: Das »F1 Discodrom« hat einem alteingesessenen Praterunternehmer gehört, ich nenn ihn einmal »Calafati«. Es war eine ehemalige Spielhalle, die er zum Autodrom umgebaut hat, mit Discomusik und mit vielen Lichteffekten, aber sonst ziemlich dunkel, auch tagsüber. Wie wir dort vorbeispazieren, hab ich auf einmal gehört, dass der Bürgermeister zu dem, der neben ihm geht, sagt: »Ah, da ist das F1 – das muss ich mir einmal anschauen!«

Hab ich mir gedacht, die Chance musst du jetzt wahrnehmen und hab gesagt: »Herr Bürgermeister, da kann ich als Rayonskriminalbeamter aus erster Hand berichten – bitte fragen Sie mich, was Sie wissen wollen«, und ich hab ihm gleich alles erzählt, was sich in der letzten Zeit da abgespielt hat; von den Red Brothers, von ihren sogenannten Raubüberfällen, und dass die jetzt da in der Finsternis ihr Hauptquartier haben.

»Herr Inspektor, was könnt man denn da Ihrer Meinung nach machen?«

Sag ich: »Zusperren.«

Sagt er: »Das kann ich nicht machen, der Herr Calafati ist ein guter Freund von mir. Aber ich kann ihm verordnen, dass er mehr Licht machen soll. Was halten Sie davon?«

Sag ich: »Das kann nicht schaden, aber besser wär zusperren.«

Die ganze Runde hat dann im Schweizerhaus geendet, und da war die Tischordnung so, dass neben dem Bürgermeister Zilk der Stadthauptmann gesessen ist, daneben der Karli und neben dem Karli war ich. Und der Bürgermeister hat sich die ganze Zeit über den Stadthauptmann hinweg mit uns unterhalten und ist immer wieder auf das F1 zurückgekommen: »Also, das muss ich Ihnen aber jetzt unter sechs Augen sagen – wenn ich mir das so anschau, da muss einer Geld in die Hand genommen haben, dass das so kollaudiert worden ist, weil das geht ja eigentlich gar nicht. Ich versprech Ihnen, gleich am Montag kriegt der Chef von der Baupolizei von mir die Weisung, dass er sich die Auflagen anschauen muss, das passiert dann einfach.«

Der Stadthauptmann hat gar nicht so genau gewusst, um was es da eigentlich geht und hat schon darum nicht versucht, sich an dem Gespräch zu beteiligen. Aber irgendwann ist dem Zilk auch aufgefallen, dass da noch einer sitzt: »Wer sind denn eigentlich Sie?«

»Ich bin der Stadthauptmann«, hat er ganz kleinlaut gesagt.

»Ah ja, entschuldige, jetzt hab ich dich gar nicht erkannt!«

Tatsächlich hat das Rathaus schon am Montag von uns die Unterlagen und die Statistiken angefordert – und am Donnerstag hat der Herr Calafati das F1 für die restliche Saison zugesperrt. Im nächsten Jahr hat er es noch einen Monat lang betrieben und es dann ganz bleiben lassen. Ein paar von uns haben Bedenken gehabt, weil das alles gar so am Gesetz vorbei gegangen ist, aber ich hab gesagt: »Was scheißts ihr euch an? Wir haben überhaupt kein Gesetz umgangen, wir haben geplaudert. Wenn einer das Gesetz umgangen hat, dann war's der Herr Bürgermeister. Wurscht, Hauptsache, der Effekt ist gegeben.« Die Red Brothers haben sich nämlich mangels Hauptquartier angenehmer Weise bald sang- und klanglos aufgelöst.

Weil ich vom Stadthauptmann geredet hab: Der Stadthauptmann war immer ein Jurist, und das, was ich über den Respekt und die Handschlagqualität erzählt hab, das hat die Juristen von uns Kieberern unterschieden. Die Juristen werden von den Medien gern als die großen Verbrecherjäger dargestellt, aber die haben mit der Verbrecherjagd nur vom Schreibtisch aus zu tun. Die waren selten irgendwo dabei, nicht einmal der legendäre Holaubek. Na gut, der war bei der Verhaftung vom Schubirsch und vom Nejedly vor Ort, weiß man eh: »I bins, dei Präsident!«, aber dieses Einschreiten vom Holaubek hat ja erst zu einem Zeitpunkt stattgefunden, als die beiden eh keinen anderen Ausweg hatten, als sich zu ergeben. Zu einer Hausdurchsuchung oder so was ist nie ein Jurist mitgekommen. Bei der Einvernahme ist dann gern wieder einer dabei gesessen und hat dir womöglich das mühsam aufgebaute Vertrauensverhältnis mit dem Einvernommenen wieder zusammengehaut. Damit ihm das nicht gelingt, hast du ihn halt rechtzeitig entfernen müssen.

Das gleiche wars mit den U-Richtern: Ich erinnere mich an einen, den haben sie kurz vor der Pension zum Staatsanwalt gemacht. Das war ein kleines Mandl mit einer schrillen, hohen Stimme – die ist dir durch und durch gegangen, wenn du

ihn angerufen hast oder wenn du ihm im Halbgesperre begegnet bist. Mit dem war nicht zu reden – wenn du einen Haftbefehl gebraucht hast
oder einen Hausdurchsuchungsbefehl, hat er sich
immer enorm aufgepudelt: Er ist der Suchtgift-
richter von ganz Wien, und wir kommen daher
und belasten ihn mit solchen Lappalien. Einmal
haben wir einen Täter aus dem Halbgesperre ab-
geholt, ich weiß nicht mehr: Wars ein Giftler oder
ein Einbrecher oder vielleicht beides? Jedenfalls
hat dieser U-Richter dort so herumgeschrien, dass
der Häftling, der eigentlich eh einsichtig und ge-
ständig war, mich ganz leise gefragt hat: »Sag, is
der deppert?« Irgendwann haben dieser U-Richter und ich uns dann aber einmal privat kennen-
gelernt, bei einem gemütlichen Beisammensein im
Schweizerhaus. Und da hat sich unser Verhältnis
wesentlich verbessert.

Der Skender, der Pirol, und die Legende vom Ge-
hautwerden

Zurück zum Rayon Leopoldstadt. Ich erinnere
mich an eine recht große, umfangreiche Amtshandlung, die sehr, wie soll ich sagen, nebulos
begonnen hat. Eines Tages ist ein Mädel hereingekommen, sechzehn Jahre alt und eigentlich aus

gutem Haus, sie hat auch nicht so ausgeschaut, als wär sie öfter abgängig oder so. Sie ist sogar mit ihrer Mutter gekommen – und dieses Mädel erzählt der Kollegin, die sie vernimmt, eine Räubersg'schicht: Sie glaubt, sie ist vergewaltigt worden, aber sie weiß es nicht genau. Sie war mit ein paar Freundinnen im Prater, sie waren zusammen in der Flipperzentrale, da waren ein paar Burschen, die sie angebraten haben. Es war ganz lustig, sie haben Cola getrunken, und dann weiß sie nichts mehr. Seitdem hat sie Schmerzen. Das Ganze war vorige Woche, und nein, bei einer Untersuchung war sie nicht.

Das war schlecht, weil nach einer Woche findet man sicher nichts mehr, wenn man dann eine Untersuchung macht. Außerdem war alles, was sie erzählt hat, ein bissl Wischiwaschi, weil sie sich ja an nichts erinnern hat können, und konkret beschuldigt hat sie auch keinen. Sind wir halt hin zu der Flipperzentrale und haben uns umgehorcht, ob sich dort jemand an was erinnern hat können – »Ja, da ist immer so eine Partie da.« Jetzt haben wir konkrete Leute gehabt: sechs oder sieben Burschen, alles Kosovo-Albaner, Türken und Mazedonier. Der älteste war zweiundzwanzig, und der jüngste gerade erst vierzehn, und schau, den hab ich schon aus Floridsdorf gekannt, wie er erst zwölf Jahre alt war, wegen ein paar Diebstählen und wegen Nicht-in-die-Schule-Gehen. Skender hat er geheißen, ein Albaner, eine freche Laus sondergleichen. Jetzt hat sich dieser Skender also von Floridsdorf in den Prater verlegt gehabt. Und der war der Rädelsführer von der ganzen Partie, obwohl er nur eine Faust höher war als eine Wurstsemmel. Bei der Vernehmung war er nur deppert. Hat alles abgestritten. Und ich bin langsam wirklich grantig geworden.

Im Nebenzimmer hat ein Kollege – der Jürgen, der ist jetzt in Graz – grad einen anderen Fall bearbeitet, einen Bruch. Das Einbruchswerkzeug ist bei ihm gelegen, drunter ein schwerer Bohrer zum Schlösser Ausbohren, ein Riesending. Der hat einen Mörderwirbel gemacht, wenn man ihn aufgedreht hat. Der Jürgen hat irgendwie mitgekriegt, wie der Kleine nur Scheiß erzählt hat und wie ich langsam angefangen hab, mich aufzuregen, und auf einmal ist er in der Tür gestanden und hat gefragt: »Wann warst denn du zum letzten Mal beim Zahnarzt?« »Letzten Monat«, hat der Skender geantwortet, »ich geh regelmäßig zum Zahnarzt.«

»Is wirklich alles in Ordnung? Mach auf die Pappen!«, hat der Jürgen mit dem Bohrer in der Hand gesagt und hat ihn aufgedreht.

Er ist am anderen Ende vom Zimmer gestanden, ein paar Meter weit weg, und trotzdem hat sich der Kleine derartig angeschissen, dass er sofort alles niedergelegt hat. Der hat geredet wie ein Wasserfall! Ja, das war möglicherweise eine Menschenrechtsverletzung, das hätte man sogar als Folter auslegen können, irgendwie. Aber wir haben jetzt wenigstens gewusst, was da im Prater passiert ist. Sie haben dem Mädel Rohypnol ins Cola gegeben, sind mit ihr zum Nordbahnhof, der war damals noch nicht verbaut, in einen alten Waggon. Dort haben sie alle vergewaltigt und sie dann bewusstlos dort liegen gelassen.

Wir haben alle festgenommen. Als letzten einen von den Haupttätern, Pirol hat er geheißen. Der hat als U-Boot gelebt, und wir haben ihn nur erwischt, weil ihn ein Bekannter verzündet hat. Der hat uns gesagt, dass der Pirol bei seinem Cousin wohnt, und uns die Adresse gegeben. Wir sind zu dritt hingefahren, der Pepi, der Franz und ich – ganz normale Polizei, wir haben damals für so was noch keine WEGA gebraucht. Die Wohnung war im ersten Stock, und die Fenster sind auf die Gasse hinausgegangen. Es hat gefroren, deshalb war Rollsplitt auf dem Gehsteig. Zwischen dem Gehsteig und dem Haus war ein Streifen Wiese mit einem Schmiedeeisenzaun, wie es bei den alten Gemeindebauten so ist. Und die Entfernung vom Fenster zu dem Eingang, wo wir das Auto hingestellt haben, war ein ganzes Stück.

Es hat uns keiner aufgemacht, und der Pepi

hat gesagt: »Ich geh runter und pass auf, falls er aus dem Fenster springt.« – Ich drauf: »Ich glaub nicht, dass das notwendig ist, weil so niedrig ist das nicht – da spring ich nur, wenn mir die Todesstrafe droht. Aber geh halt hinunter.«

Der Franz und ich: Waffe heraus, Tür eingetreten – und drin ist es so: Vorzimmer – Küche mit einem eingebauten Bad – Tür zum Wohnschlafzimmer. Dort drinnen ist das Fenster offen, aber mit zugezogenen Vorhängen. Links steht eine Bettbank, ausgezogen, mit Bettzeug drauf, eine dicke Tuchent, und es schaut so aus, als ob da einer drunter liegt. Ich sag laut: »Polizei, geh ausse da!« – Keine Antwort, aber die Tuchent bewegt sich. Ich: »Einmal sag ichs dir noch: Steh auf, Polizei!« – Wieder keine Antwort, und die Tuchent bewegt sich. Ich peck ein bissl mit dem Fuß drauf, macht's »Miau!«, und eine Katze zischt heraus. Im gleichen Moment gehts unten bum, bum, bum – der Pepi hat geschossen! Der Pirol muss beim Fenster hinaus sein! – Wir rennen los, beim Haustor raus, in Richtung Fenster, aber dort ist keiner mehr, die müssen ums Eck sein. Wir nach, der Franz zu Fuß, ich mit Blaulicht gegen die Einbahn, seh ich schon: Dort steht der Pepi und drückt den Pirol gegen die Mauer, mit der Waffe in der Hand.

Der ist tatsächlich gesprungen, und der Pepi hat ihn rennen gesehen, grad wie er aus dem Gemeindebau heraus gekommen ist, hat ihm nachgeschrien: »Polizei!« und dreimal in die Luft geschossen. Der Pirol ist davongerannt, der Pepi ihm nach. Es war am Vormittag, Passanten unterwegs, und der Pepi hat geschrien: »Aufhalten, Polizei!« Aber keiner hat ein Ohrwaschel gerührt. Dabei war die Gegend noch gar nicht so fest in türkischer Hand wie heut, das ist ja vor fünfundzwanzig Jahren gewesen. Der Bursch ist ums Eck gerannt, auf dem Rollsplitt ausgerutscht und unter einem geparkten Auto gelandet. Da haben dann endlich auch die Passanten reagiert: Sooft er unter dem Auto hat hervorkriechen wollen, hat ihm schon einer eine gegeben, so lange, bis der Pepi auch dort war.

Der Pirol war voller Blut.

»Pepi, wo hast ihn troffen?«, hab ich gefragt.

»I glaub, nirgends – i hab ja nur in d Luft gschossen.«

»Und warum bliat a dann so?«

»I waaß net.«

Stehen hat er können, Schussverletzung haben wir keine gefunden, haben wir ihn geschlossen und die Rettung gerufen. Der Sanitäter hat gefragt: »Warum ist der Mann geschlossen? Der ist ja verletzt!« Haben wir ihm gesagt, was der gemacht hat und warum wir den Haftbefehl haben. Hat er gesagt: »Ah so? Na, dann soll er so bleiben.«

In der Ambulanz vom Meidlinger dasselbe: »Warum ist der Mann geschlossen?« Ich: »Jetzt wird er eh aufgmacht«, und hab gleich erklärt, warum er da ist.

Das viele Blut ist daher gekommen, dass sich der Pirol mit dem Rollsplitt den Unterarm aufgeschnitten hat, großflächig und ziemlich tief, ein ausgiebiger Schotterausschlag. Und weil sie in der Ambulanz mittlerweile gewusst haben, was los war, haben sie gleich einmal angefangen, ihn ordentlich zu desinfizieren – ohne nix, und dann haben sie ihn genäht – ohne nix.

Damals hat es noch den Jugendgerichtshof in der Rüdengasse im dritten Bezirk gegeben. Dort sind alle Burschen verurteilt worden, zu insgesamt zweiundzwanzig Jahren. Der Pirol hat das meiste ausgefasst, sechs Jahre oder so. Die Katze, die hat mir im Nachhinein leidgetan – weil ich weiß ja nicht, was mit ihr passiert ist. Hat die sich in der Wohnung verkrochen oder ist sie auf den Gang hinaus? Ich hab keine Zeit gehabt, dass ich sie suchen hätte können. Wir haben ja mit der Rettung mitfahren müssen.

Bei der Verhandlung hat der Skender, unser Menschenrechtsverletzungsopfer, übrigens einen ganz prominenten Verteidiger gehabt, seinen Namen will ich hier nicht nennen. Der war unheimlich lästig, hat sich voll hineingekniet und ist mich so angegangen, dass er sogar schon vom Richter einen Ordnungsruf gekriegt hat. Und dann hat er auf einmal proklamiert: »Mein Mandant wurde unter Druck gesetzt! Er sagt, er sei mit einer Bohrmaschine bedroht worden.«

Hab ich drauf gesagt: »Herr Doktor! Jetzt werd ma aber lustig. Ich mein, wenn sie sagen würden, dass er behauptet, er wäre geschlagen worden, dann stimmt das zwar auch nicht, aber das behaupten viele. Das mit der Bohrmaschine ist neu. Ich wüsst ja nicht einmal, wo ich eine hernehmen sollt!«

Hat der Anwalt zugegeben: »Na ja, ich hab's ohnehin nicht ganz geglaubt.«

Von da an war er dann nicht mehr so unangenehm. Nach der Verhandlung sind wir sogar miteinander auf einen Kaffee gegangen.

Dazu muss ich eines sagen: Das, was so herumschwirrt in den Köpfen, dass die Leute früher beim Verhör die ganze Zeit gehaut worden sind wie die Tanzbären, das war nie so. Es hätte ja auch gar nichts gebracht: Einen Hendeldieb, den brauchst du nicht hauen, der scheißt sich sowieso an und legt nieder. Und einen alten Steher brauchst du auch nicht hauen, weil: Den kannst du erschlagen, der erzählt dir auch nichts. Wie so eine Legende vom Gehautwerden entsteht, das hab ich einmal selber miterlebt: Das war noch in Floridsdorf, da haben wir einen erwischt, der hat mit seiner Bladern Baustelleneinbrüche gemacht. Erbeutet haben sie nicht viel, aber einen enormen Sachschaden verursacht, weil sie immer mit den Staplern herumgefahren sind und alles zusammengehaut haben – einfach so, zum Spaß. Der Kerl hat von Anfang an niedergelegt und dabei nicht einmal ein böses Wort von uns gehört: Was soll ich mit dem herumschreien, wenn er eh alles erzählt? Im Gegenteil, wir sind mit ihm zum Würstelstand gefahren, dort hat er Würsteln gekriegt und ein Bier, damit er nicht die grausliche Gefängniskost fressen muss – dafür hats nicht einmal eine Kassa gegeben, das haben wir ihm aus dem eigenen Sack gezahlt. Und genau der hat dann später überall herumerzählt, dass er nur niedergelegt hat, weil wir ihn derartig gehaut haben, dass ihm nichts anderes übriggeblieben ist! Na ja, er hat seine ganze Bladern bei uns auf den Markt gehaut, bei der er vorher der Weltmeister war, alle seine Haberer hat er verwamst – da hat er schlecht sagen können: Das war freiwillig für ein Paar Würsteln, weil ich mich so angschissen hab. Und ich bin sicher, die meisten von diesen Legenden sind genau so entstanden und nicht anders.

Ein umfassendes Geständnis

Dazu passt auch die folgende Geschichte. Ziemlich am Anfang meiner Leopoldstädter Zeit ist am Karmelitermarkt einer bei einem Autoeinbruch erwischt worden. Ein alter Steher und Hackengeher, ein bissl über fünfzig Jahre alt, von denen er zirka dreißig im Häfen verbracht hat. Der ist beim Verhör dagesessen und hat beinhart drauf bestanden: »Ihr könnts mich erschlagen, ich hab überhaupt nix gemacht!« Nicht einmal den Einbruch, bei dem wir ihn erwischt haben, hat er zugegeben.

Ein Jurist war dabei, der mit seinen Einwürfen auch nichts besser gemacht hat, dazu ein paar ganz erfahrene Kieberer, die sich an ihm die Zähne ausgebissen haben; und ich, ich war auch dabei. Wie ich gesehen habe, dass da nichts weitergeht, hab ich zu meinen Kollegen gesagt: »Geht's einmal alle hinaus, ich red mit ihm« – weil, dass ich zur Gegenseite einen guten Draht aufbauen hab können, daran hat sich seit Ottakring nichts geändert gehabt.

»Horch zu«, hab ich zu ihm gesagt, »dass du nichts zugibst, schön und gut – aber wenigstens die Hacken, wo du Meier gegangen bist – die brauchst du nicht abstreiten.«

Drauf er auf einmal: »Weißt was, Burli? – Die anderen, die können scheißen gehen, aber du, du

gfallst mir, dir erzähl ich alles!« Und er hat niedergelegt und niedergelegt und niedergelegt...

Bei Faktum Nummer siebzig hab ich ihm dann
gesagt: »So, jetzt kannst du dirs sparen, ich mag
nimmer. Warum hast du das jetzt alles mir erzählt, und den anderen vorher nicht?«

»Weils Arschlöcher sind.«

Der hat eine Lebensbeichte abgelegt! Mit der
haben wir noch tagelang zu tun gehabt: Schreiben, herumfahren, Tatort suchen. Bis heute weiß
ich nicht, wieso ich ihm so sympathisch war. Leider hat er dann ein tragisches Ende gefunden. Die
Haft, zu der er verurteilt worden ist, hätte er in der
Karlau absitzen sollen, ist aber schon nach ein paar
Jahren von Mithäftlingen in der Küche erstochen
worden. Traurig, aber draußen hätt er wahrscheinlich auch nicht mehr viel mit seinem Leben angefangen.

Die Geschichte mit dem Michel, die fast so war wie im Fernsehen

In der Schreygasse, in einem Kellerlokal – ich
glaub nicht einmal, dass es das heute noch gibt
– hat eine Partie Geburtstag gefeiert. Keine ge-
schlossene Gesellschaft, und auf einmal, wie alle
schon recht fett waren, ist noch ein Gast herein-

gekommen, der als einziger mit der Feier nichts zu tun gehabt hat. Aber, wie das halt so ist, hat er mitgesoffen, so lang, bis es zu irgendeinem banalen Streit gekommen ist. Und da hat der dem Geburtstagskind zuerst eine mordstrumm Watschen gegeben, dann eine Pistole herausgezogen und geschrien: »Knia nieder, i daschiaß di!« – hat wirklich geschossen, und dann ist er geflüchtet. Er hat das Geburtstagskind nicht erschossen, sondern nur daneben, in den Fußboden. Trotzdem war natürlich klar: Der gehört aus dem Verkehr gezogen.

In dem Lokal hat ihn keiner etwas über ihn gewusst, nur seinen Vornamen. »Michel« hat er geheißen, französisch ausgesprochen »Mischell«. Irgendwie sind wir dann aber doch auf sein Umfeld gekommen, in der Folge auch auf Leute, die ihn besser gekannt haben, und es hat sich herausgestellt: Der war in einer kriminellen Bladern, in der ihn keiner wirklich hat leiden können. Der Michel war nämlich nicht nur ein schwerer Narr, sondern auch schwer auf Kokain, und zwar immer, buchstäblich ununterbrochen. Der ist nie wirklich runtergekommen. Folge: schwer paranoid, schwer gefährlich. Und »mit einer Faustfeuerwaffe bewaffnet« – super!

Herausgefunden haben wir zwei Adressen, wo er möglicherweise war. Sind wir spektakulär mit der WEGA angerückt, zuerst bei seinen Eltern.

Dort war sogar wer zu Hause, aber nicht er. Die zweite Adresse war die von einer Exfreundin, da war er auch nicht. Über sie sind wir immerhin an eine dritte Adresse gekommen, wo er unangemeldet gewohnt hat – in Meidling, in einem Gemeindebau in der Ruckergasse. Wieder sind wir mit der WEGA hin. Die hat sich Zutritt verschafft, mit ziemlich großem Schaden, weil das eine Sicherheitstür war und gleich der ganze Türstock mit hineingeflogen ist. Wer wieder nicht dort war, war der Michel.

Was wir fast genauso dringend haben wollten wie ihn, das war seine Pistole. Also haben wir seine Haberer angehackt, denen wir natürlich schon vorher nahegelegt haben, dass sie ihn einpacken und uns bringen sollen. Darauf sind sie nicht eingestiegen: Sie können keinen bei uns abliefern. Haben wir gesagt: »Liebe Freunde, ihr wollt ein ruhiges Leben haben. Und wir garantieren euch hiermit, dass es sehr unruhig wird, wenn eurerseits nix passiert.« Da waren sie plötzlich kompromissbereit, wenigstens in Bezug auf die Pistole. Wie war das aber zu machen? »Wir können euch die nicht bringen, weil wir ja gar keine haben dürfen!« So weit, so richtig. Auch klar, dass die nicht wegen Waffenbesitz Meier gehen wollten.

Die Lösung: Vor dem Kommissariat in der Leopoldsgasse war ein Mistkübel auf einem Verkehrsschild montiert. Dort sollten sie die Pistole hineinwerfen und uns anrufen – aber bitte schon unmittelbar nachher, nicht eine Stunde später, damit die in der Zwischenzeit noch jemand anderer herausfischt. Wir würden ihnen dafür auch nicht nachgehen, versprochen. Und das hat wirklich funktioniert: Wir haben den Anruf gekriegt, uns die Pistole geholt und nicht einmal ums Eck geschaut, wie versprochen. Dadurch haben wir die Gefährlichkeit vom Herrn Michel zumindest um ein Drittel reduzieren können, weil er jetzt wenigstens nicht mehr bewaffnet war, nur mehr deppert und gefährlich.

Aber wo war er? Über seine Haberer haben wir gewusst, dass er öfter einmal in der Gegend vom Hannovermarkt in der Brigittenau unterwegs ist. Die waren ja, wie gesagt, durchaus nicht dagegen, dass der Michel aus dem Verkehr gezogen wird, weil er ihnen allen viel zu gefährlich geworden ist; sie wollten ihn nur nicht selber abliefern. Persönlich hat er ihnen zwar nichts getan, aber er hat halt ihre Kreise gestört.

Wir haben ein Fahndungsfoto von ihm gehabt, aber dazu muss gesagt werden: Unsere digitalen Bilder waren zu der Zeit eine Katastrophe. Gefühlte fünfzehn Pixel pro Quadratmeter. Wenn man den Ausdruck sehr weit weggehalten hat, sind die Pixel ein bissl miteinander verschmolzen und haben so etwas wie ein Bild ergeben. Das Foto vom Michel war außerdem recht alt, aber seine Haberer haben gesagt: »Na ja, genau so schaut er nicht mehr aus, aber wenn man ihn kennt, dann erkennt man ihn schon da drauf.«

Dann kriegen wir auf einmal einen Anruf – unser Michel sitzt gerade im »Miami Vice« auf der Jägerstraße. Wie wir dort angekommen sind, war er zwar schon wieder fort, aber noch nicht lang. Er ist weiter in ein Lokal, dessen Namen ich nicht sage, weil es das im Gegensatz zum »Miami Vice« noch gibt; es steht direkt beim Hannovermarkt. Wir haben die WEGA dort in Stellung gebracht, an der Hausmauer daneben, vermummt und recht martialisch, und ich bin in die Hütten hineingegangen. Da drin ist auch wirklich einer gesessen, bei dem ich mir anhand von meinem alten, unscharfen Fahndungsfoto gedacht hab: Das könnt er sein. Nicht: Ja, das ist er! Nein, aber er könnte es sein. Ich hab einen kleinen Braunen getrunken, bin wieder hinausgegangen und hab zur WEGA gesagt: »Er ist drinnen. Wenn er herauskommt, mach ich das Zugriffszeichen.« Ich weiß nicht, ob das Zugriffszeichen heute noch immer so geht, wie es jahrzehntelang gegangen ist, und wenn ich es wüsste, würde ich es natürlich nicht verraten, aber damals war es eine ganz alltägliche Handbewegung, so eine, die man ein paarmal am Tag ganz automatisch und ohne Bedeutung macht, wenn man nicht gerade in einem Einsatz ist.

Er ist herausgekommen und ich hab das Zugriffszeichen gemacht. Keine Reaktion. Hab ich noch einmal das Zugriffszeichen gemacht. Wieder nix. Wenn er sich umgedreht hätte, hätte er die WEGA aufgefädelt an der Hausmauer gesehen, aber er ist schnurgerade hinaus aus dem Lokal und weiter. Was hätt ich machen sollen?

Ich hab zur Pistole gegriffen und laut gefragt: »Mischell«?

Er hat sich umgedreht und gesagt: »Jo?«

Da hab ich die Pistole gezogen und geschrien:: »Obe am Boden, leg di nieder!«

Das war erst der Moment, in dem die WEGA das Ganze endlich auch mitgekriegt und reagiert hat... Ich weiß bis heute nicht: Haben die bei meinem Zugriffszeichen nur geglaubt, dass es mich irgendwie gejuckt hat, oder waren die einfach unaufmerksam?

Der Michel ist dann zu relativ viel verurteilt worden. Und eigentlich ist das eine von den Geschichten, bei denen man sagen könnte: Es war ja doch wie im Fernsehen, Äktschn und so. Man sieht: Es ist im Fernsehen nicht alles an den Haaren herbeigezogen. Nur sehr viel halt.

BUNDESPOLIZEIDIREKTION WIEN

An Herrn
Bezirksinspektor
Fritz Kumhofer

Kommissariat Leopoldstadt

In Anerkennung Ihrer besonderen Leistung zur Amtshandlung

Kr 3263-L/97, Mordversuch

wobei es durch kriminaltaktisch hervorragende Arbeit gelungen ist,

den Täter nach einer Schießerei in Wien 2., Cafe Pirou auszuforschen,

wird Ihnen

Dank und Anerkennung

ausgesprochen.

Die Belobigung wird in Ihren Personalakt eingetragen.

Für den Leiter des Kriminalbeamteninspektorates:

Leiter der Kriminalabteilung

Eine außergewöhnliche Leiche

Die folgende skurrile Geschichte ist natürlich auch in der Leopoldstadt passiert. Ich hatte Journaldienst, und es kam ein Anruf von der Sicherheitswache: Ein ganz ein grauslicher Mord; möglicherweise ein Rachemord, ganz sicher in der organisierten Kriminalität angesiedelt. Eine verpackte Leiche. Sie ist am Nordbahnhof in einer Halle gelegen, in der Fenster gelagert waren. Und die Situation hat sich so dargestellt:

Die Leiche liegt auf dem Rücken, einen oder zwei Meter neben einer Wand mit einem Waschbecken, und auf den Toten drückt ziemlich fest die Gabel von einem Gabelstapler. Der Mann ist so eingepackt, dass er auf den ersten Blick ausschaut wie eine Insektenpuppe – in schwarze Müllsäcke, eng am Körper anliegend und verzurrt. Frei sind nur der Kopf und die Arme. Die Beine sind noch extra mit einem dicken, starken Palettenband umwickelt. An das Waschbecken ist ein Schlauch angeschlossen, der oben bei der Brust zwischen der Verpackung und seinem Körper hineinläuft. Das Palettenband, das von den Beinen weggeht, ist an einer Gabel angehängt. Die Zurrbänder führen von der Leiche zum Gabelstapler, und zwei Enden liegen lose neben der Leiche. Von dort gehen die Bänder über das Sturzgehäuse in den Bedien-

106

raum und sind drinnen an den beiden Hebeln zum Heben und Senken der Gabel festgemacht.

Ich schau mir die Situation an. Dann sag ich: »Das hat mit Sicherheit nix mit einem Mord zu tun. Das ist ein autoerotischer Todesfall.«

»Naa – des gibt's ned! Was soll da dran erotisch sein?«

Ich drauf: »Das weiß ich auch nicht. Aber ein Mord ist es sicher nicht.«

Tatsächlich haben wir dann draußen das Auto des Toten gefunden. Er hat am Nordbahnhofsgelände gearbeitet und deshalb eine Zufahrtgenehmigung gehabt. Und in dem Auto waren zusammengeknüllt drei, vier Müllsack-Kokons, genau wie der, in den die Leiche eingewickelt war.

Am nächsten Tag war ich bei der Obduktion dabei. Der Gerichtsmediziner hat die Leiche aus dem Kokon herausgeschält. Das waren zwei Lagen Müllsäcke, zum Teil schön zugeschnitten, wie ein Gewand. Und drunter hat der Mann sich eng mit Butterbrot-Zellophan eingewickelt gehabt, den Körper und die Beine; zwischen den Knien war noch ein Stück Styropor, dass sich nichts einzwickt, alles ganz ordentlich und sorgfältig. In diese Konstruktion hinein hat er von der Wasserleitung warmes Wasser geleitet, das durch die Enge der Umwicklung beim Auslaufen einen Unterdruck auf seinem Körper erzeugt hat. So ist er mit dem Kopf nach unten auf der Gabel gehangen, die er mit den zwei Bändern gesteuert hat, hinauf und hinunter, immer wieder. Und das hat ihm offenbar sexuelle Befriedigung gegeben. – Nicht ganz leicht nachvollziehbar, ziemlich einzigartig, und in dieser Weise wohl noch nicht dagewesen. Der Fall wurde dann auch noch sehr lange an der Gerichtsmedizin und in der Polizeischule unterrichtet.

Wie kam er aber zu Tode? – Er hat Pech gehabt. Eines der Bänder, mit denen er gesteuert hat, und zwar das fürs Hinunterlassen, hat sich in der Hubkette der Gabel verfangen und war damit auf Dauerzug. Er ist unter die Gabel geraten, hat sich aufgrund seiner Selbstfesselung nicht wegbewegen können, und die Gabel hat ihn schlicht und einfach erdrückt. So war das.

Der Mann war bei seinem Tod siebenunddreißig Jahre alt, und bei der Obduktion, wie er schon ganz offen dagelegen ist, hat der Gerichtsmediziner auf einmal gesagt: »Was ich immer sag – total verkalkte Herzkranzgefäße. Rauchen ist schädlich…«, und hat einen Hacker von seinem Tschick gemacht – »…wenn man nix dazu trinkt«, worauf er einen Hacker von seinem Glasel gemacht hat. Dazu muss ich natürlich sagen: Solche Sachen gäbe es heutzutage in einer Gerichtsmedizin mit absoluter Sicherheit nicht mehr!

Über Einbrecher. Und über die Grenzen meiner Empathie

Eine andere recht spektakuläre Geschichte hat damit angefangen, dass die Sicherheitswache in der Nähe der Praterstraße nach einem Wohnungseinbruch einen eingesperrt hat. Der war erst seit ganz kurzer Zeit wieder heraußen gewesen, nach einem Fünfer – ein alter Hackengeher, und am Anfang im Verhör ein echter Steher. Hat alles abgestritten. Von dem vielen Geld, das er eingesteckt gehabt hat, hat er behauptet, dass er die Stempelmarken, die er im Häfen bekommen hat, gesammelt und heraußen in Geld umgewechselt hat.

Wir haben zum Staatsanwalt gesagt: »Den einen Bruch, bei dem wir ihn erwischt haben, können wir ihm schon nachweisen, aber wir täten ihn lieber auslassen und eine Observation anhängen.« Und das war auch gut so, weil bei der Observation hat sich herausgestellt: Der ist so einbrechen gegangen, wie andere Leute in die Arbeit gehen und hat seinen fix geregelten Tagesablauf gehabt. Um neun Uhr hat er angefangen, von zwölf bis eins Mittagspause gemacht und war dann bis drei noch einmal einbrechen.

Aufgrund der Observation haben wir ihn also wieder eingesperrt, und dann hat er nicht anders können, als ein umfassendes Geständnis abzulegen, eine richtige Lebensbeichte. Und, weil er schon dabei war, hat er auch gleich auf einen Bekannten und auf dessen Lebensgefährtin niedergelegt. Das war für uns spannend, weil die beiden bis dahin unbescholten gewesen sind. Die haben irgendwann beschlossen, jetzt werden sie auch Einbrecher und damit reich, und haben sich dafür quasi an die Berufserfahrung von dem alten Einbrecher anhängen wollen.

Dazu gehört einmal gesagt: So, wie man sich den klassischen Einbrecher im Allgemeinen vorstellt, mit Dietrich und Schlüsselbund, das gehört ins Reich der Legenden. Ich hab in meiner Karriere sehr viele eingesperrt, und da war kein einziger dabei, der mit Nachsperren vorgegangen wäre. Unser alter Einbrecher natürlich auch nicht. Der war ein klassischer Riegelzieher – das geht bei den Doppelflügeltüren in den Wiener Altbauten ruckzuck, du setzt das Gerät an und hebst den Riegel aus der Verankerung. Und Zylinderschlösser, die ein bissl vorstehen, hat er einfach abgerissen und mit einem Hakerl den Schlossriegel zurückgeschoben, und schon war er in der Wohnung drinnen.

Seinen zwei Bekannten ist diese Methode aber irgendwie zu brutal und phantasielos vorgekommen. Sie wollten das eleganter und professioneller machen, wie in den amerikanischen Filmen, wie im Fernsehen. Also haben sie sich am Computer

einen Gewerbeschein für Schlosser und Aufsperr-
dienste gebastelt und damit bei einer Firma in
Deutschland jede Menge Einbruchswerkzeug be-
stellt. Den Deutschen hat dieser Gewerbenachweis
offenbar genügt, obwohl er wirklich dilettantisch
gefälscht war. Natürlich funktioniert so ein ge-
werbliches Handwerkzeug auch, aber du brauchst
dafür viel Übung und Geschick. Daran sind die
beiden kläglich gescheitert und reumütig zu den
bewährten Methoden von ihrem Bekannten zu-
rückgekehrt, und so sind sie alle drei altmodisch
einbrechen gegangen. Die zwei haben nicht so viel
Schmalz ausgefasst wie er; bei ihm sind ja siebzig
oder achtzig Einbrüche mit dem Umstand zusam-
mengekommen, dass er ein Wiederholungstäter
war. Drum hat er siebeneinhalb Jahre gekriegt.

Am ärgsten hat es aber noch einen weiteren erwischt, auf den der alte Einbrecher bei seiner großen Beichte auch niedergelegt hat. Den haben wir
schon gekannt, und zwar als Hehler. Wir haben
ihn sogar einmal mit einer Tasche voller Gold erwischt, zwei oder drei Kilo waren da drin – aber
leider so zerstört, dass es keinem einzigen Einbruch mit Sicherheit zuzuordnen war, drum hat
ihm die Justiz wieder alles zurückgeben müssen.
Unser Einbrecher hat den Mann aber nicht nur als
Hehler gekannt, sondern auch gewusst, dass sich
der mittlerweile auf Suchtgifthandel im großen

Stil verlegt hat. Er hat einen mordstrumm Bunker im Südburgenland gehabt, wo alles gelagert war. Nach Wien ist er mit seinem grünen Sprinter Kastenwagen immer nur mit kleinen Mengen gekommen und hat sie da vercheckt. Der Einbrecher hat eine Menge auf ihn gewusst und auch alles bereitwillig erzählt; er hat halt für seine Ware ein paar Mal zu wenig von ihm bekommen und hat deswegen einen Pick auf ihn gehabt. Er hat uns sogar sagen können, wo der in seinem Auto das Gift versteckt und auch, dass er eine Kanone gehabt hat, einen Achtunddreißiger.

Wir haben auf den Suchtgifthändler natürlich sofort eine Observation angesetzt. Die hätte an einem Samstag beginnen sollen. Aber genau in der Nacht davor, vom Freitag auf den Samstag, ist er mit seinem Sprinter in der Nähe von der U-Bahn-Station Gumpendorfer Straße gestanden, seine Alte bei ihm; alle zwei waren schwer auf Kokain und haben angefangen, zu streiten. Und seine Alte hat den Achtunddreißiger erwischt und geschossen. Na, die Observation war hinfällig. Weil mit einem Bauchschuss samt Steckschuss in der Wirbelsäule hat der so schnell sicher nix mehr machen können. Außerdem sind wir vom Sicherheitsbüro schwer gemaßregelt worden, weil wir unsere Informationen vorher nicht weitergegeben haben. Es ist uns aber nichts weiter passiert, weil

BUNDESPOLIZEIDIREKTION WIEN

KI-3-32/97 Na

An Herrn
Bezirksinspektor
Fritz Kumhofer
BezPolKoat Leopoldstadt

In Anerkennung Ihrer besonderen Leistung zur Amtshandlung

Präs 34-L/97

*der Zerschlagung einer Einbrecher- und Hehlerbande, der
insgesamt 60 Fakten mit einem Gesamtschaden von
öS 2.600.000,-- nachgewiesen werden konnte*

wird Ihnen eine Belohnung in der Höhe von

S 600,--

gemäß § 19 GG 1956 zuerkannt.

Die Belohnung wird in Ihren Personalakt eingetragen.

Der Leiter des Kriminalbeamteninspektorates:

Mag. Michael Lepuschitz

die durch unseren Zund in dem Bunker im Südburgenland fünf Kilo Kokain gefunden haben.

Die Dame war wegen schwerer Körperverletzung dran, und er hat wegen Suchtgifthandel und
Hehlerei ziemlich viel Schmalz ausgefasst, obwohl er bei der Verhandlung querschnittgelähmt
im Rollstuhl gesessen ist. Im Häfen hat er sich
dann aufgehängt. Ich hab davon gehört. Und ich
geb offen zu: Meine Empathie hat sich durchaus in
Grenzen gehalten.

Ich hab schon Empathie. Aber meine Empathie
ist eben, wie gesagt, begrenzt. Die geht bis dorthin, wo ich mir denken kann, vielleicht unter ähn-
lichen Bedingungen ähnlich zu handeln. Dort, wo
ich es mir nicht vorstellen kann, geht mir auch die
Empathie ab. Zum Beispiel ein grader Zuhälter
von früher, so einer wie der Rote Heinzi oder wie
der Wesely Berndi – der hat halt sein Geschäft gemacht, genau so wie seine Huren. Erfüllung einer
Marktnachfrage. Das waren ja deswegen nicht
zwangsläufig schlechte Menschen, nur sind sie
halt auf der anderen Seite vom Gesetz gestanden.

Wie ich noch Hundeführer war in Ottakring,
da hab ich sogar einmal ein Angebot von zwei
Mädeln gekriegt: Ich soll auf sie aufpassen, und
sie bezahlen mir entsprechend was. Hab ich gesagt: »Madeln, wie stellts ihr euch das vor? Ich bin
auf der anderen Seite vom Gesetz.«

»Des is jo des Guade, da kannst uns ganz grad unterstützen.«

»I kann euch ned ‚grad‘ unterstützen. Alle, mit denen i jetzt gut auskomm, des wären dann meine Todfeinde. Des allergeringste wär, dass ich meine Hacken los bin. Wenn i mi wirklich in die Szene einbringen will, dann muss i an umlegen – und das seids ihr zwei mir bei Gott nicht wert.«

So ein Angebot hab offenbar nicht nur ich gekriegt. Die paar Kollegen, die blöd genug waren, dass sie's angenommen haben, sind entweder eingesperrt oder gleich in ihrem neuen Arbeitsumfeld erschossen worden. Weil, gewaltfrei geht da gar nix.

Aber, was ich sagen wollt: Das Rotlicht, das versteh ich. Einbrechen – das könnt ich mir für mich schon nicht mehr vorstellen. Gifthandeln auch nicht. Frauen zu vergewaltigen versteh ich schon gar nicht. Und wo mir die Empathie auch völlig abgeht, das sind die Anwälte, die genau wissen, dass einer schuldig ist, und die trotzdem mit allen Mitteln probieren, dass sie ihn irgendwie heraushauen. Es gibt natürlich schon auch Anwälte, die so was nicht machen, die solche Ratzen einfach nicht verteidigen. Oder die dann wenigstens anders auftreten, wenn sie schon so einen verteidigen müssen.

Das kleine Puff in der Czerningasse – zwei Geschichten, die mir dazu einfallen

In der Czerningasse bei der Praterstraße hat es ein Kino gegeben, das »Movie«. Als das aufgelassen wurde, kam ein ziemlich großflächiges Lokal hinein, das der Einfachheit halber den Namen behalten und auch »Movie« geheißen hat. Eines Tages haben wir im Journaldienst einen Fall zum Weiterbearbeiten hineingekriegt: Eine Partie junge Buben hat dort im Movie Geburtstag gefeiert. Sicher laut und ausgelassen, es waren halt Siebzehn- und Achtzehnjährige, aber wirklich arg hat's nicht gewesen sein können. Sonst wären sie aus dem Lokal hinausgeflogen, so, wie ich den Koberer, den Peter, gekannt hab. Da war er ganz konsequent.

Dem Peter waren sie also nicht zu laut, wohl aber einem anderen Gast, der auch dort gesessen ist, einem gewissen Christian. Der Christian war ein kleiner Burenhäutelstrizzi mit einer einzigen Dame am Strich, was ihn aber nicht davon abgehalten hat, brandgefährlich zu sein. Das haben die Buben nicht gewusst, und wie er sie angestänkert hat, weil sie ihm zu viel Krawall gemacht haben, haben sie sich nichts gefallen lassen und zurückgeredet. Drauf hat der Christian seine Puffen herausgezogen und gleich abgedrückt. Großes Glück: Ladehemmung. Dann hat er die Patrone repetiert und ist geflüchtet.

Es ist zwar technisch gesehen kein Schuss gefallen, und weil vorher nicht einmal Watschen
geflogen sind, ist niemand zu Schaden gekommen – aber natürlich war klar, dass der Christian
unbedingt aus dem Verkehr gezogen gehört. Wir
haben also mit Hochdruck in seinem Umfeld er-
mittelt und nicht lang gebraucht, bis wir gewusst
haben: Gleich neben dem Movie war ein kleines
Kellerpuff, in dem die Katz vom Christian geha-
ckelt hat. Sie war aber grad nicht dort, sondern ein
Haus weiter beim Friseur, wie wir erfahren haben,
zum Haare färben. Wir haben sie also aus dem
Friseurgeschäft herausgeholt – so wie sie war, mit
dem Haarfärbezeugs einbalsamiert und mit Stan-
niolpapier auf dem Kopf. Hat sich herausgestellt,
dass sie eh gleich da gewohnt haben, in der Czerningasse, drei Häuser weiter.

»Ja, der Christian ist zu Hause«, hat sie uns gesagt.

»Und seine Kanone? Hat er die dabei?«

»Sicher!«

Es wäre also, keine Frage, die WEGA heranzuziehen gewesen. Haben wir, keine Frage, nicht
gemacht: Für was brauchen wir die WEGA? Wir
brauchen keine WEGA… Wir sind also hinauf zu
der Wohnung, vier Mann und die Hur. Ich hab
mir von ihr den Schlüssel geben lassen und gesagt:
»Ich sperr auf, und du sagst genau das, was du

immer sagst, wenn du heimkommst. Aber dann bleibst neben der Tür draußen stehen, klar?«

Die Dame hat das ganz brav so gemacht, bestens mit uns kooperiert, und er ist wirklich gleich ins Vorzimmer gekommen. Wir, mit entsicherter Pistole, haben ihn angerufen: »Polizei! Auf den Boden!« Aber das hat er natürlich nicht gemacht, sondern ist zu einer Kommode hingestürmt, wo er seinen Pumperer drin gehabt hat, hat die Schublade aufgerissen, hat hineingegriffen… und bis er so weit war, waren wir schon auf ihm drauf. Wir haben ihn zu Boden gebracht, fixiert, geschlossen und abgeführt.

Später hat er sich dann so herausreden wollen, dass er schon eingspritzt ins Movie gekommen ist, gekokst hat er vorher auch, und dass er eh keinen erschießen hat wollen. Das hat ihm aber wenig genützt, und er ist zu ziemlich langer Haft verurteilt worden. Apropos ziemlich lang: Wie die Haare von der Dame nach der ganzen Äktschn ausgeschaut haben, hab ich mich später gefragt – sie hat ja während der ganzen Zeit das Haarfärbezeug dringehabt. Und das ist mit Bestimmtheit über die vorgesehene Einwirkzeit hinausgegangen.

Das kleine Einfrau-Puff in der Czerningasse ist mir später übrigens noch einmal beruflich begegnet. Als ich einmal in der Früh in den Journaldienst gekommen bin, sitzen im Vorzimmer zwei

Mädeln. Asiatinnen, Philippinas. Die zwei waren Opfer von einem brutalen Raub. Der einen hat jetzt das Lokal gehört, und die andere war ihre Freundin und zufällig auf Besuch bei ihr in dieser Nacht. Diese Freundin, übrigens die hübschere von den beiden, gibt mir ihren Reisepass – dort steht bei »sex«: male. Sie hat gemerkt, dass ich ein bissl gestutzt hab, und erzählt, sie ist als Mann auf die Welt gekommen, aber mittlerweile operiert und umgewandelt, nur das mit dem Umschreibenlassen vom Pass war ihr bei den philippinischen Behörden bis jetzt zu kompliziert. Aber es würde noch passieren.

Sie hat dann weiter erzählt: Mitten in der Nacht ist eine Partie Jugoslawen in das kleine Kellerpuff gekommen, die sie und ihre Freundin misshandelt und ihnen das Geld weggenommen haben. Später, wie wir die Bande schon erwischt gehabt haben, haben wir festgestellt, dass die in der gleichen Nacht noch ein weiteres Puff im zweiten Bezirk überfallen haben und dort auch mit einer ziemlich üblen Brutalität vorgegangen sind. Die Philippina, der das Lokal in der Czerningasse jetzt gehört hat, ist von dem einen sogar mit einem Messer in den Oberschenkel gestochen worden, zum Glück nicht besonders tief. Wie mein Kollege die Verletzung fotografiert hat, haben die Mädeln zu ihm gesagt, er soll nur ruhig genau hinschauen: Sie ist nämlich auch umoperiert, und das ist so gut gelungen, da sieht man überhaupt nichts davon... Das hat wirklich gestimmt, muss ich sagen.

Der Polizeipräsident in Wien

KI-3a-22/93 Wu

Herrn

Fritz Kumhofer

Bezirksinspektor

Bez.Pol.Koat Leopoldstadt

Ein vorerst unbekannter Täter, der im Lokal "Movie" in Wien Leopoldstadt ein Blutbad anrichten wollte, dabei Gäste mit einer Pistole bedrohte und diese durch Abdrücken und Durchladen der Waffe in Angst und Schrecken versetzte, konnte durch Sie in der Person des beschäftigungslosen ▬▬▬▬▬▬▬ ausgeforscht und festgenommen werden.

Die Klärung dieser Straftat war nur durch kriminalistische Umsicht und nicht alltägliches Beharrungsvermögen bei der Aufklärungsarbeit möglich.

Dafür spreche ich Ihnen

D a n k und A n e r k e n n u n g

aus.

Für den Polizeipräsidenten:

HR Dr. W. SCHUBERT

3. TEIL

Wie ich meinen Orden gekriegt habe, nicht Gruppenführer geworden und stattdessen zur SIRENE gekommen bin

Ja, die Geschichte mit dem Orden wollte ich noch erzählen. Mein alter Freund, der Ignaz, mit dem ich schon gemeinsam am Schulwachzimmer war - und der übrigens meine Karriere im zweiten Bezirk beendet hat, aber das ist eine andere Geschichte –, der war zuletzt in der Leopoldstadt mein Chef. Eines Tages, da war ich schon gar nicht mehr viel operativ tätig, bin ich zum Ignaz hingegangen und hab zu ihm gesagt: »Du, ich hätt gern einen Orden«. Und ein Kollege, übrigens der, mit dem gemeinsam ich als Einschüler meine erste Amtshandlung im zweiten Bezirk gehabt hatte, hat gleich gesagt: »Ja, ja, ich will auch einen Orden!«

Hat der Ignaz zu mir gesagt: »Für was willst du einen Orden?«

Sag ich: »Jeder Trottel hat einen Orden. Ich will auch einen haben.«

Er drauf: »Jeder Trottel hat einen Orden. Genau deswegen will ich keinen.«

»Was du willst, interessiert mich grad relativ wenig. Ich will einen Orden.«

Er hat zuerst noch herumgetan: »Nein, das schreib ich nicht«.

Damit jemand einen Orden kriegt, muss nämlich normalerweise zuerst furchtbar viel geschrieben werden: Alle Vorzüge des zukünftigen Ordensträgers, wie gut er nicht ist, und was er nicht alles geleistet hat. Hab ich schon geglaubt, dass ich mich jetzt hinsetzen und das alles selber schreiben muss, für mich, und noch dazu für den anderen Kollegen, der auch einen Orden hat haben wollen. Aber dann hab ich mich kundig gemacht, bei der zentralen Dienstführung, und dort hat mir der Kollege gesagt: »Da brauchst gar nicht viel schreiben. Schreib einfach: ‚Für die im Betreff genannten Kollegen wird ersucht, eine sichtbare Auszeichnung zu verleihen'!«

Und genau so hab ichs gemacht. Die Namen von mir und von meinem Kollegen ins Betreff gesetzt, als Titel: »Verleihung einer sichtbaren Auszeichnung«, und dann noch die Zeile getippt, so wie sie mir gesagt worden ist. Außerdem hab ich noch hineingeschrieben, dass ich mehr als dreißig Dienstjahre aufzuweisen habe und mein Kollege sogar mehr als vierzig – fertig. Dann bin ich natürlich noch einmal zum Ignaz, weil der hat das schon unterschreiben müssen, als Chef, und hab gesagt: »Da, unterschreib!«

So weit ist die Willensstärke vom Ignaz nicht gegangen, dass er sich jetzt noch geweigert hätte, das zu unterschreiben und weiterzuleiten. Der Kollege hat dann tatsächlich das goldene Verdienstzeichen gekriegt, und ich das silberne Verdienstzeichen.

In meinen letzten Jahren als Kieberer in der Leopoldstadt habe ich mich, wie es halt so ist, aus dem operativen Bereich immer mehr zurückgezogen und stattdessen die Dienstführung gemacht. So ganz habe ich es aber eh nicht sein lassen können, das Operative. Weil es mir ja auch selber Freude gemacht hat, mehr auf jeden Fall als das administrative Einteilen der Kollegen. Die Administration ist leider der Löwenanteil der Dienstführung – grad, dass man hie und da einen Einsatz, gar einen Großeinsatz, organisieren muss. Klar, dass mir das auf die Dauer zu wenig war. Und als dann ein Gruppenführerposten frei geworden ist, hab ich mich auf den gleich beworben.

Mein damaliger Chef, der Ignaz, hat aber, wie ich bereits erzählt hab, schon bei der Geschichte mit der Ordensverleihung bewiesen, dass er auf dem Gebiet der Willensstärke und Durchsetzungsfähigkeit nicht unschlagbar war. Er hat mir erklärt: »Das geht nicht!« – Ich könnte kein

Gruppenführer werden, weil ich schon zu lang aus dem Operativen weg war; da könnte er auch nichts dran ändern. Ich war anderer Meinung: Wenn da jemand etwas hätte ändern können, dann er... aber, na gut. Zur gleichen Zeit ist eine Ausschreibung aus dem Ministerium gekommen, und zwar für die österreichische SIRENE, im Bereich internationale Personenfahndung. Ich hab mich beworben und den Posten tatsächlich gekriegt.

Die Arbeit der SIRENE ist in der Praxis meistens nicht ganz so spannend, wie es in der Theorie klingt. Sie beschränkt sich im Alltag mehr oder weniger auf eine Art Postverteilung, bei der die eingehenden Trefferfälle aus Österreich an die ausschreibenden Staaten weitergeleitet werden und umgekehrt, die Treffermeldungen anderer Staaten an die österreichischen ausschreibenden Dienststellen gemeldet werden. Die Arbeit wird ständig mehr, weil es immer mehr Mitgliedsstaaten gibt, und weil unser Personal bei weitem nicht im gleichen Maß aufgestockt wird. Und die derzeitige Gesamtsituation in Europa trägt auch nicht zur Entspannung bei, Stichwort »internationaler Terrorismus«. Es wird an den Grenzen mehr und mehr kontrolliert, unter Aussetzung der Schengen-Vereinbarungen.

Das Gute dran ist: Es gibt durch die Kontrollen wirklich immer mehr Trefferfälle. Wobei es natürlich auch darauf ankommt, weshalb jemand überhaupt ausgeschrieben ist. Manchmal scheißt sich nur irgendein österreichisches Gericht in die Hosen, dass irgendwas verjähren könnte, und schreibt gleich eine internationale Fahndung aus, obwohl in solchen Fällen meiner bescheidenen Rechtsauslegung nach die Aufenthaltsfeststellung im Inland völlig zur Verhinderung der Verjährung ausreichen würde.

Sehr viel mehr Sinn hat natürlich die verdeckte Ermittlung. Wie oft bewegt sich ein Täter von wo nach wo, und mit wem? Voraussetzung dafür ist freilich, dass es gescheit gemacht wird, wobei der Personalmangel arg im Weg steht. Wenn zu viele Treffer da sind, und eben nicht genug Kollegen, dann kommt es klarerweise zu einem Rückstau. Und ein bissl Glück gehört auch dazu, dass man etwas so zeitnah mitkriegt, dass es dann tatsächlich zu einer Festnahme führen kann. Wie zum Beispiel bei dem folgenden Fall, der mich deshalb besonders gefreut hat, weil er auch noch meine alte Dienststelle betroffen hat, die Leopoldstadt.

Es kamen zwei Treffer zu einer bestimmten weiblichen Person: Der eine aus Kroatien, von der kroatisch-slowenischen Grenze. Und der andere, gleich danach, von den Slowenen. In beiden Fällen haben sowohl die Beamten vor Ort nicht nur brav kontrolliert, sondern auch sofort reagiert und den Treffer an ihren jeweiligen SIRENE-Knotenpunkt weitergegeben. Und dann haben sowohl die kroatische als auch die slowenische SIRENE noch dazu unmittelbar alles an uns, den österreichischen Knotenpunkt, weitergeleitet. Ich hab mir den Akt angeschaut: Wer ist denn bei uns in Österreich der Ausschreibende? Und siehe da, es war ein rühriger Kollege aus der Leopoldsgasse, der die Dame wegen acht Einbrüchen gesucht hat! Na, den hab ich gleich angerufen und gesagt: »Du, es schaut so aus, als wäre deine gesuchte Person gerade auf dem Wege nach Österreich!« Der Kollege hat auch schon den internationalen Haftbefehl gegen die Frau auf dem Schreibtisch gehabt und war gerade beim Ausfüllen: »Ich leit das gleich an die Grenzposten weiter!« Tatsächlich ist sie keine halbe Stunde später bei Thörl-Maglern eingetrudelt – und war auch schon verhaftet. Man sieht: Auch als Postverteilungsstelle kannst du etwas bewirken, wenn alles passt und du selber auch ein bissl mitdenkst.

Mein Außendienst bei der SIRENE. Allerlei Hürden,

solche und solche

Außendienst haben wir auch. Der beschränkt sich auf Rückholungen: Im Ausland festgenommene Straftäter, die von Österreich mittels europäischem Haftbefehl ausgeschrieben worden sind, zur Strafverfolgung oder auch zum Strafvollzug, wenn zum Beispiel einer ausgebrochen oder als Freigänger nicht zurückgekommen ist. Dann erwischen sie die Person, meistens ganz unspektakulär bei einer Ausweiskontrolle, wissen via SIRENE, dass und warum wir denjenigen oder diejenige gern zurück hätten, teilen uns mit, dass sie ihn oder sie für uns verwahren, wir schicken ihnen den internationalen Haftbefehl in der jeweiligen Landessprache und einen internationalen Auslieferungsantrag, und dann brauchen wir nur noch zum Abholen hinzukommen.

Das hört sich ja zuerst einmal gut an: Du fährst oder fliegst dorthin, schaust dir das Land und die Stadt ein bissl an, lässt dir den bösen Mann respektive die böse Frau übergeben und kommst wieder zurück. Ganz so einfach ist es aber dann in der Praxis leider nicht, was schon bei der Organisation anfängt. Da muss nämlich das ausschreibende Gericht zuerst einmal bestätigen, dass es die Kosten für die Rückholung wirklich übernimmt. Genau genommen ist das ein Schmarrn, weil sie

das sowieso müssen, sobald sie jemanden ausgeschrieben haben, aber die meisten österreichischen
Gerichte reagieren da nach ganz eigenen Regeln.
Jedes hat irgendeinen anderen Ablauf. Wenn du in
Eisenstadt anrufst und nach einer Kostenübernahme fragst, kriegst du einen Rüffel: »Ihr brauchts
keine Kostenübernahme, holts ihn einfach!« In
Wiener Neustadt ist es schon wieder ganz anders,
da muss die Staatsanwaltschaft beim Gericht den
Antrag stellen, sonst geht gar nichts. Und dazu
musst du erst einmal den zuständigen Staatsanwalt
erwischen, was gar nicht so einfach ist, weil die oft
komische Dienstzeiten haben und in den Dienstzeiten auch wieder nicht da sind, weil sie grad in
einer Verhandlung sind und nicht gestört werden
dürfen.

Theoretisch dürften wir den Flug ja erst dann
buchen, wenn die Kostenübernahme bewilligt
worden ist – so wird aus einer kurzfristigen Buchung eine superkurzfristige Buchung, und das
womöglich mitten in der Ferienzeit, wenn die Flüge sowieso schon überbucht sind. Den Flug erst
einmal zu reservieren, war früher achtundvierzig
Stunden lang möglich, mittlerweile sind es maximal vierundzwanzig Stunden. Wenn die Fluglinie
sieht, wer da bucht, dann will sie außerdem zuerst
einmal eine so genannte »Gefahreneinschätzung«.
Wie soll ich denn bitte die Gefahr einschätzen,

die von einem Häftling ausgeht, den ich nicht einmal kenn? Ich seh den zum ersten Mal zwei Stunden, bevor ich mit ihm abflieg! – Also muss ich für diese »Gefahreneinschätzung« das Land anschreiben, wo er grad ist – da kommt manchmal eine Antwort, und manchmal kommt auch keine. Ich schreib dann im Zweifelsfall immer, dass keine Gefahr von ihm ausgeht. Weil, wenn ich dort hinkomme und seh, der führt sich auf wie ein Narr, dann nehm ich ihn ja eh nicht mit, weil's keinen Sinn hat. Und es ist mir bei unseren Klienten bis jetzt erst ein einziges Mal passiert, dass sich einer derartig aufgeführt hat:

Das war ein entsprungener beziehungsweise nicht in die Justizanstalt Innsbruck, wo er hingehört hätte, zurückgekehrter Strafgefangener. Der ist in Spanien aufgeklatscht und war von Barcelona aus zu holen. Ein marokkanischer Staatsbürger, verurteilt wegen Suchtgifthandel. Als wir angekommen sind, ist er vor der Zelle gelegen, an Händen und Füßen geschlossen, hat Schaum vor dem Mund gehabt und geschrien wie am Spieß. In dem Zustand absolut nicht transportabel. Den Flugkapitän, der den mitnimmt, gibt es nicht. Da habe ich genauso gut selber entscheiden können, dass der nicht nach Österreich fliegt.

Alternative Vorgehensweise also: Transport auf dem Landweg. Jetzt liegt aber zwischen Spanien und dem Rest von Europa bekanntlich Frankreich. Frankreich wäre nach den internationalen Regeln zwar verpflichtet gewesen, ihn durch das französische Staatsgebiet durchzutransportieren, hat sich aber geweigert: Wir könnten das selber machen, und sie wollten uns bestenfalls Geleit geben. Und wir hätten auf den erklecklichen Kilometern, die das ausmacht, keine Exekutivgewalt gehabt, und bewaffnet hätten wir auch nicht sein dürfen. Wir – nicht nur wir vor Ort, sondern die ganze Behörde – haben uns nachvollziehbarer Weise geweigert, das so zu machen. Für mich wäre damit, rein von meiner Aufgabenstellung bei der SIRENE her, die Geschichte erst einmal erledigt gewesen. Trotzdem hab ich in der Folge viele, sehr viele Telefonate geführt – weil das meinem Gerechtigkeitsempfinden irgendwie nicht entsprochen hat, dass es ausreicht, wenn du ein bissl schreist und Schaum vor dem Mund produzierst, damit du dir sechs Monate Schmalz ersparst.

Die Richterin in Innsbruck scheint eine liebe Person gewesen zu sein; ich hab sie ja nur übers Telefon gekannt, aber das waren, wie gesagt, viele Gespräche, die wir geführt haben. Lieb, aber, sagen wir einmal, nicht überwältigend entscheidungsfreudig. Ich hab ihr nämlich folgendes vorgeschlagen:

»Wie wär's, wenn wir das Bundesheer zur Assistenz heranziehen, so, dass die den Transport mit einem von ihren Flugzeugen durchführen?«

Ihre Frage drauf, mit tirolerischem Zungenschlag: »Ja, isch das schon einmal passiert?«

»Meines Wissens nach nicht, aber einmal ist immer das erste Mal.«

Worauf sie geantwortet hat: »Na, i moch's nit!«

»Also gut, dann mach es halt ich.«

Ich hab mich hingesetzt und ans Kommando der Luftstreitkräfte geschrieben: Wie schaut es mit einer Assistenzleistung aus und wie hoch wären die Kosten? – Ich bin ja selber Pilot, drum war mein Vorschlag, dass wir nicht mit der mordstrumm Hercules, sondern mit der kleinen Pilatus Porter fliegen. Das hätt zwar ein bissl gedauert, weil die ja keine großartige Geschwindigkeit zusammenbringt, aber ich hab mir in meiner Naivität halt gedacht, dass das auf jeden Fall billiger sein muss.

Das Bundesheer ist auf meine Frage nach der Assistenzleistung nicht wirklich eingegangen, sondern hat nur trocken die Kosten aufgeschlüsselt: Für die einmotorige Pilatus Porter knappe 69.000 Euro, und für die viermotorige Hercules 73.000 Euro. Wie kommt es zu solchen Kostenaufstellungen? Ich hab aus Neugier auch bei einem privaten Flugunternehmen nachgefragt. Die hätten für einen kleinen Jet, einen Learjet oder eine

Cessna Citation, für den Flug 12.000 Euro verlangt. Und so ein Unternehmen rechnet genauso alle Kosten ein und arbeitet gewinnorientiert... Da stellt sich mir schon die Frage, ob das Bundesheer vielleicht Goldflankerln im Sprit hat oder so. Ich weiß es nicht. Diese Möglichkeit ist also aufgrund der immensen Kosten ausgeschieden. Die wären ja doch letztlich dem Steuerzahler zur Last gefallen, egal, ob sie jetzt unmittelbar vom Bundesheer oder vom Innenministerium übernommen worden wären.

Nächste Möglichkeit: Mit dem Schiff an Frankreich vorbeitransportieren, nördlich oder südlich. Das ist aber auch nicht zustande gekommen, weil sich das Gericht letzten Endes auf die Route via Italien kapriziert hat. Und die Italiener haben zwar sofort ihre Hilfe zugesagt, aber nach dieser ersten, allgemeinen Zusage sind auf zwei, drei weitere konkrete Anfragen keine Antworten mehr erfolgt.

Ich hab dann sogar noch probiert, bei der Eurojust anzuregen, dass der Knabe seine Strafe einfach in Spanien verbüßen soll, und die haben auch wirklich der Innsbrucker Richterin ein Mail geschrieben, dass sie diesen Vorschlag zur Kenntnis nehmen – aber das hat offenbar wiederum sie nicht akzeptieren können. Fazit: Er wurde auf freien Fuß gesetzt, weil so eine Auslieferungshaft ja durchaus endenwollend ist, allerspätestens nach vierzig Tagen. Das war also das.

Dann ist noch einmal bei mir kurz Freude auf-
gekommen, als die Spanier die Auslieferung ein
zweites Mal angekündigt haben. Die Flüge waren
schon gebucht, aber dann ist unmittelbar vorher
eine Nachricht gekommen: Nein, die Auslieferung
kann nicht stattfinden, weil sie ihn leider gar nicht
haben. Er ist nicht greifbar. Die Flüge stornieren
war nicht mehr ohne Verlust möglich – wenn wir
das Spiel noch ein paarmal gespielt hätten, wären
zumindest die Kosten für den Flug mit einem Pri-
vatunternehmen schon herinnen gewesen, und bei
ein paarmal mehr sogar der Flug mit dem Bundesheer.

Die allermeisten Häftlinge, die wir zum Transport kriegen, sind aber eh brav und handzahm und
kommen ganz gern aus Rumänien oder Bulgarien
zurück in den österreichischen Strafvollzug... Es
gibt auch Fluglinien, die nehmen überhaupt keinen
unserer Gefangenentransporte an. British Airways
zum Beispiel: Die sagen, gehts euch brausen, wir
nehmen nur britische Beamte mit. Oder in Ams-
terdam, dort haben sie neulich bei der Sicherheits-
kontrolle unendlich sorgfältig meine Stiefel unter-
sucht, mit Sprengstoffdetektor und allem, obwohl
sie genau gewusst haben, dass ich ein Polizist bin.
Und in praktisch allen Airlines darf der Häftling
keine Handschellen oben haben, was weiß ich,

warum nicht. Von den anderen Passagieren kriegt ihn doch keiner zu sehen: Ich steig mit ihm als erster ein, ich sitz mit ihm in der letzten Reihe, er beim Fenster, und dann steig ich mit ihm entweder als erster oder als letzter wieder aus. Und wenn es wirklich einmal unwahrscheinlicher Weise passieren sollte, dass einer durchdreht, dann wäre es doch sicherer, wenn er schon geschlossen ist, als wenn ich ihn da erst einmal überwältigen muss...

Wenn die Rückholung auf dem Landweg erfolgt und nicht per Flugzeug, ist das auch nicht unkompliziert. Das geht wie bei einer Stafette: Jedes Land, durch das der Transport erfolgt, führt ihn selber aus, und für jedes Land brauchst du eine eigene Durchlieferungsbewilligung. Wenn zum Beispiel Rumänien ausliefert, brauchst du die Bewilligung für Ungarn; wenn Kroatien ausliefert, brauchst du eine für Slowenien...

Na ja, trotzdem muss ich mir den ganzen Spaß mit dem Abholen von Häftlingen gar nicht so selten machen; in den letzten Jahren im Schnitt zweimal pro Monat. Und manchmal frag ich mich: Braucht man für so was wirklich einen ausgebildeten Kriminalbeamten? Und dann geht mir die kriminalistische Arbeit ganz besonders ab. Obwohl – so richtig hinaus, das möcht ich jetzt natürlich auch nicht mehr.

Die Subjektive Wahrnehmung und ein paar Geschichten, die dazu passen

Einen Mord, den klärst du entweder recht schnell oder nie, auch das kommt vor. Die meisten Morde passieren ja innerhalb der Familie, oder es ist so, dass das Opfer und der Täter schon lang vor der Tat etwas miteinander zu tun gehabt haben, beruflich oder als gute Bekannte. Mit ein bissl einem kriminalistischen Gespür weißt du bald, wo du mit der Suche anfangen kannst. Wenn sich ein Opfer und ein Täter überhaupt nicht gekannt haben, bist du als Kriminalist chancenlos. Sogar, wenn einer zwei hintereinander umbringt, ganz zufällig ausgesucht, dann weißt du zwar, dass es beide Male der gleiche Täter war, aber damit hat es sich auch schon. Und ein »Cold Case«, das ist das Undankbarste, was es überhaupt gibt; nichts für einen, der für sein Selbstbewusstsein hie und da ein Erfolgserlebnis braucht. Da hilft dir auch der ganze Fortschritt in der Forensik nichts, weil man ja immer erst dann weiß, was ein verwertbares Material sein könnte, wenn man die entsprechenden Methoden schon entwickelt hat. Wie es die DNA-Analyse noch nicht gegeben hat, hat natürlich kein Mensch auf Verdacht Spuren gesammelt und asserviert, mit denen man heute vielleicht etwas anfangen könnte. Und Zeugen befragen, was sie vor zwanzig, dreißig, vierzig Jahren gesehen haben? Nein. Jeder, der nur irgendetwas von der Vernehmungslehre verstanden hat, weiß: Wenn etwas erst gestern war, und du fragst drei Zeugen und kriegst drei abweichende Antworten, dann heißt das noch lang nicht, dass einer von den dreien lügt. Weil die subjektive Wahrnehmung hat halt nur sehr am Rande etwas mit der Wirklichkeit zu tun.

Und diese subjektive Wahrnehmung, die muss man mir als Polizist auch zugestehen, da kann ich noch so gut ausgebildet sein. Wenn einmal ein Polizist seine Schusswaffe gebraucht hat, was kann dann irgendein sogenannter Waffensachverständiger, und wenn der noch so prominent ist, über die subjektive Wahrnehmung dieses Polizisten sagen? Gar nichts kann er darüber sagen, weil wenn der überhaupt irgendwas kann, dann eine Schussbahn ausrechnen, und das kann jeder dressierter Affe, wenn du ihm die Formel beibringst.

Die Polizisten in Krems zum Beispiel, die in diesem stockfinsteren Supermarkt in der Nacht den vierzehnjährigen Buben erschossen haben – ich weiß nicht, was die wahrgenommen haben. Ich weiß nicht, ob sie »Polizei!« geschrien haben, ich weiß nicht, ob sie in die Luft geschossen haben. Ich weiß nicht, wie die Burschen reagiert haben, ob sie stehengeblieben sind. Ich weiß es nicht.

Ich hab nie wen erschossen. Ich hab niemals jemanden mit meiner Schusswaffe verletzt. Ich sag: Das war Glück. Weil zum Beispiel der im zwanzigsten Bezirk, der, der mit dem Messer auf mich zugerannt ist – wenn da der Kollege nicht im Weg gestanden wäre, dann hätt ich geschossen. Ich hätt so lange geschossen, bis er gelegen wär.

Da gibt es noch so eine Geschichte aus der Zeit, als ich noch in Floridsdorf war. Damals hat es noch in ganz Wien von neun Uhr am Abend bis fünf Uhr in der Früh nächtliche Kripo-Streifen gegeben, auch etwas, das mittlerweile aus Kostengründen zuerst reduziert und dann ganz gestrichen worden ist. Kripo Eins war in Floridsdorf, in der Donaustadt und in den Bezirken II und XX unterwegs, und an Bord war immer ein leitender Beamter. Der Offizier, mit dem ich in dieser speziellen Nacht in der Kripo Eins unterwegs war, war der stellvertretende Leiter der Leopoldstadt, später ist er Landeskriminalamtsleiter von ganz Wien geworden und bis zu seiner Pensionierung auch geblieben.

Es sind damals gerade im Bereich Obere Alte Donau, vom Wasserpark bis zum Lokal Birner, relativ viele PKW-Einbrüche passiert, drei oder vier in jeder Nacht. Deswegen haben wir die Gegend also »schwerpunktmäßig bestreift«, wie das so schön heißt.

Und nach Mitternacht, so um ein, zwei Uhr, also

zu nachtschlafender Zeit, sehen wir dort wirklich ein Auto, in dem vier Burschen sitzen. Ich bleib schräg dahinter stehen und wir steigen aus, ich neben das Fenster auf der Fahrerseite und mein Kollege vor das Auto. Wir zeigen unsere Dienst-kokarden her und sagen: »Polizei, weisen Sie sich bitte aus«. Da schaut uns der Fahrer ganz treuher-zig an, startet, legt den Gang rein und fährt los. Mein Kollege springt weg , damit er nicht zusam-mengeführt wird. Ich zieh die Kanone heraus und schieß zweimal. Wohlgemerkt: auf die Reifen. Ich wollt keinen Moment lang die Burschen treffen, sonst hätt ich nur in die Heckscheibe hineinschie-ßen müssen. Ich wollt die Flucht verhindern, dem Auto einen Patschen schießen, nichts anderes. Mein Kollege schießt auch auf die Reifen...

Wir waren alle zwei sicher keine schlechten Schützen, ich hab beim Combatschießen immer beste Ergebnisse erzielt – aber keiner von uns hat die Reifen getroffen. In Wirklichkeit schaut das alles halt ganz anders aus als im Training. Dann sind wir ins Auto und denen nach, haben sie end-lich gestellt und festgenommen.

Es hat sich herausgestellt: Wir haben sicher fünf- oder sechsmal geschossen – und das Auto haben wir dabei zweimal getroffen. Und was sich noch herausgestellt hat: Das waren keine Einbre-cher. Das waren einfach blöde Buben, die geglaubt haben, weil sie was geraucht haben, müssen sie davonfahren. Und die Schüsse haben sie gar nicht mitgekriegt, weil ja kein Schuss durch die Fahrerkabine durchgegangen ist. Das glaub ich ihnen sogar, obwohl jede Pistole mit entsprechendem Kaliber einen ordentlichen Tuscher macht, auch im Freien. Aber wenn du in so einer Situation voll bist mit Adrenalin, dann hörst du nichts und siehst du nichts, dann klingt das wie ein Kapselrevolver für kleine Kinder.

Bei der Verhandlung hat der Staatsanwalt ganz vorwurfsvoll festgestellt: »Man muss schon in Betracht ziehen, dass ja gefälschte Kokarden im Umlauf sind!« – Deswegen sind sie alle miteinander vom Vorwurf des Widerstandes gegen die Staatsgewalt freigesprochen worden. Es ist sozusagen nichts passiert. Löcher in einem Auto kann man zukitten. Aber was hätt alles passieren können?

Die subjektive Wahrnehmung ist nicht wie im Fernsehen. Die objektive auch nicht. Es fliegt einer, den ich mit einem Stahlmantelgeschoß anschieß, nicht drei Meter weit zurück, nicht einmal mit dem größten Kaliber. Das fährt ihm durch, dann hat er ein kalibergroßes Loch und rennt weiter auf mich zu. Das, was wir haben, sind Teilmantelgeschosse mit einem Bleikopf und einem Bleikern, ohne Sollbruchstelle – das ist unwesentlich anders als ein Vollmantelgeschoß. Das geht genau so durch den Körper; es gibt höchstens ein bissl Energie ab, wenn es zufällig einen Knochen trifft. Ein Fleischschuss wird vom Getroffenen maximal wahrgenommen wie ein Schlag, nicht einmal wie ein starker. Ich hab einmal einen Einbrecher vernommen, einen jungen Burschen, den ein Kollege von der Sicherheitswache bei der Festnahme angeschossen hat. In den Unterarm, ein glatter Durchschuss. Hab ich ihn gefragt: »Warum bist nicht stehen geblieben, wie der Kollege in die Luft geschossen hat?« »Das hab ich gar nicht gehört. Ich hab auch nicht gemerkt, wie ich angeschossen worden bin.« Auf meine Frage, wann er es dann doch gemerkt hat, hat er gesagt: »Zuerst hab ich geglaubt, ein Kieselstein hat mich getroffen. Ein ganz leichter Schlag. Wie es dann warm und feucht geworden ist und ich das Blut gesehen hab, ist mir schlecht geworden und ich bin stehen geblieben.«

Ein Kollege in Floridsdorf hat mir einmal von einer Amtshandlung erzählt, bei der ich selber nicht dabei war. Er ist Kripostreife gefahren, es war Winter, um Neujahr herum, zusammen mit dem Fredi. Der Fredi war ein lieber Kollege und ein Spitzenbeamter, ganz genau und total unbestechlich – vielleicht kein genialer Kieberer, eher so ein Typ, wie man ihn sich in einer Amtsstube mit Ärmelschonern beim Bleistiftspitzen vorstellt.

Und da kam der Einsatzbefehl über die Funk-
zentrale: »Kripo Eins, fahren Sie Wallensteinstraße soundso, ein Juweliergeschäft. Wir haben von
der Rax…«, Rax, das war die Einsatzstelle für die
Niederösterreicher, »… eine Information bekommen, dass der Inhaber dieses Juweliergeschäfts in
seinem Haus überfallen wurde; er konnte sich be-
freien, möglicherweise sind die Täter zu seinem
Geschäft unterwegs. Halten Sie dort Nachschau.«

Die Streife ist also in die Wallensteinstraße hi-
naufgefahren und der Fredi hat sich das Juweliergeschäft von außen angeschaut – nichts. Sie haben die Einfahrt aufgemacht – ist plötzlich einer
herausgekommen und hat sofort angefangen, zu
schießen. Der Fredi hat seine Waffe gezogen –
damals haben wir noch die Walther PPK gehabt,
die 7.65er – und hat zurückgeschossen. Er hat das
Magazin auf ihn leergeschossen. Sieben Schuss.
Der Fredi hat mir erzählt: »Ich hab geschossen,
geschossen, geschossen – der ist auf mich zu ohne
einen Zucker. Der hat einfach nicht reagiert!« Und
eineinhalb Meter vor dem Fredi ist er umgefallen
und war tot. Der Fredi hat ihn mit sechs Schuss
getroffen, fünf davon waren tödlich. Und der ist
einfach weitergegangen. Der Fredi war unverletzt,
obwohl er einen Streifschuss abbekommen hat.
Aber er hat einen wattierten Thermomantel ange-
habt, wie sie grad modern waren, und der Schuss

ist nicht in seinen Oberarm gegangen, sondern nur in den Mantel.

Er hat dann um eine Refundierung von seinem Mantel angesucht, der hat um die zweihundert Schilling gekostet. Woraufhin die Frage zurückgekommen ist, ob man den nicht vielleicht kunststopfen könnt... Na ja, heute hätte er ganz andere Schwierigkeiten, obwohl festgestellt worden ist, dass sein Schusswaffengebrauch absolut gerechtfertigt gewesen war... So, wie die Kollegen, die vor ein paar Jahren die Wahnsinnige angeschossen haben, die mit einem Messer aus der Dusche herausgekommen ist. Die Zeitungen haben danach geschrieben: War das notwendig, auf die arme Person achtmal zu schießen? Also wenn die mit dem Messer auf mich zukommt, dann schieß ich. Weil, das ist erwiesen: Die tödliche Distanz zwischen mir, wenn ich eine Schusswaffe hab und einem, der ein Messer hat, ist sieben Meter, mehr nicht. Wenn es weniger als sieben Meter sind, ist er schneller bei mir und ersticht mich, als ich schießen kann.

Eine Geschichte, die ich bis jetzt noch nicht erzählt hab, ist von 1991. Ich hab Journaldienst gehabt und auf die Tour die ganze Sache hautnah mitgekriegt. Einsatz Psychose – ein Bursch hat den eigenen Vater bedroht, und der hat uns in seiner Not zu Hilfe gerufen. Wir sind hingekommen, der Bursch ist auf der Stiege gestanden, ein Messer in der Hand, und mein Kollege, der Wolfgang, ist zu ihm gegangen und hat ganz ruhig auf ihn eingeredet: »Es ist ja alles nicht so arg, gib her das Messer.« Auf einmal hat der auf ihn hingestochen und der Kollege war tot. Heute ist ein Park nach ihm benannt, der Wolfgang-Kössner-Park beim Messegelände, mit einer Gedenktafel, und noch eine Gedenktafel hängt im Wachzimmer in der Ausstellungsstraße, wo er Revierinspektor war: Seinem Angedenken möge gedankt werden... Was hilft ihm das? Na gut, der mit der Psychose hat vielleicht nichts dafür können, aber was hat der Wolfgang dafür können, dass er Dienst gehabt hat? Und, ganz ehrlich: Da wär's mir lieber gewesen, der, der nichts dafür kann und im Dienst ist, lebt weiter, und der, der nichts dafür kann und einem andern weh tut, der ist tot...

DAS GLOSSAR

Man könnte auch sagen: Wienerisches Wörter- und Personenverzeichnis, für alle, die sich irgendwo beim Lesen fragen: Was bitte? Wer bitte? Wie bitte?

A

Achtunddreißiger – Faustfeuerwaffe im Kaliber .38

Alarmabteilung – siehe: WEGA

anhacken – befragen, bitten

Asteln – Zweige, Geäst

aufpudeln – sich (unnötig, künstlich) aufregen, sich wichtig machen

ausgschrieben – zur Fahndung ausgeschrieben

äußerln gehen – mit dem Hund Gassi gehen

Autodrom – Autoskooter

B

Bezirkskieberer – siehe: Kieberer

Billasackel – Plastiktragtasche der Supermarktkette »Billa«, heute ausgestorben

Bladern – siehe: Platten

bliatn – bluten

B-Matura – bis 2009 konnte in Österreich die »Beamten-Matura« als Ersatzreifeprüfung abgelegt werden, die zum Aufstieg im öffentlichen Dienst berechtigte und Pflichtfächer im Umfang des regulären Realgymnasium-Stoffes vorschrieb, ergänzt durch Wahlfächer mit etwas eingeschränktem Stoff

BMI – Bundesministerium für Inneres

Brauner, kleiner Brauner, großer Brauner – Kaffee mit Milch oder Obers, im Gegensatz zum kleinen bzw. großen Schwarzen, ohne Milch

brausen – in Österreich noch immer sehr gebräuchlich für: eine Dusche nehmen. Die Aufforderung »Geh dich brausen!« allerdings mit der Bedeutung: »Verschwinde!«

Brigittenau – 20. Wiener Gemeindebezirk

Bruch – Wienerische Nebenbedeutung: Einbruch

Bugl – Buckel, mehrere wienerische Nebenbedeutungen, z.B. Brotkante, aber auch: Bordellaufpasser, niedrig rangierender Zuhälter, Bodyguard

Burenhäutel – Burenwurst; eine grobe, fette Brühwurst; sehr beliebter Wiener Würstelstandimbiss

Burenhäutelstrizzi – abwertend und scherzhaft in der Wiener Gaunersprache für einen Zuhälter (s. Strizzi), der so wenig verdient, dass er sich nur einen Besuch beim Würstelstand leisten kann

Burgenländerwitz – österreichisches Parallelphänomen zum Ostfriesenwitz in Deutschland bzw. zum Österreicherwitz in der Schweiz. Das Burgenland ist das östlichste Bundesland Österreichs

Burli – Kosewort für kleiner Junge, Bübchen

C

Calafati – Basilio Calafati, legendär gewordener Praterunternehmer des 19. Jahrhunderts, in zahlreichen Darstellungen eine Art Schutzheiliger des Wurstelpraters

Cessna Citation – Familie von zweistrahligen Geschäftsflugzeugen des US-Herstellers Cessna

Cobenzl – Anhöhe des Wiener Waldes innerhalb der Stadtgrenze

Cottage – nobler Außen- bzw. Villenbezirk; im Wienerischen sprich unbedingt: »Kotteeesch«, nicht etwa englisch intoniert!

D

Depperter – grob für: Mensch mit psychischen Problemen

derstessen– stolpern

Dienstradel – zyklisch wiederkehrende Diensteinteilung

Döbling – 19. Wiener Gemeindebezirk

di – dich

Donauinsel – über 21 km lange künstliche Insel, die die Donau im Raum Wien der Länge nach teilt. Errichtet 1972-1988 ursprünglich als reiner Hochwasserschutz, heute beliebtes Naherholungsgebiet. Einmal im Jahr, im Frühsommer, findet das »Donauinselfest« statt, ein Volksfest mit Musik aus allen Genres

Donaupark – über 600.000 Quadratmeter große Wiener Parkanlage jenseits des linken Donauufers, 1964 entstanden auf dem Gelände der ehemaligen größten Mülldeponie von Wien

Donaustadt – 22. Wiener Gemeindebezirk

drauf sein – unter Substanzeinfluss stehen

duat – dort

Dujmic, Hansi (1956 – 1988) – österreichischer Sänger und
Schauspieler, als Künstler auch Dew Mitch

E

eam – ihn

Ederer, Gitti – Brigitte Ederer (geb. 1956) – Wiener
Politikerin und Industriemanagerin, damals National-
ratsabgeordnete

eh – ohnedies

einfahren – eine Haftstrafe antreten

eingspritzt – betrunken

Einser – neben der hochdeutschen Bedeutung in Wien
auch der mittlerweile historische Ausdruck für das
Landesgerichtliche Gefangenenhaus Eins (heute: Justizanstalt Wien-Josefstadt)

Eurojust – »Einheit für justizielle Zusammenarbeit der
Europäischen Union«: grenzüberschreitende Justiz-
behörde mit Sitz in Den Haag mit dem Status einer
EU-Agentur. Koordination der Arbeit und des Informa-
tionsaustauschs nationaler Justiz- und Polizeibehörden

F

Favoriten – 10. Wiener Gemeindebezirk

fett – wienerische Nebenbedeutung: betrunken

Flankerl – Kleinstpartikel, etwa in: Staubflankerl, Ruß-
flankerl...

Floridsdorf – 21. Wiener Gemeindebezirk

Fuchs, Franz (1949 – 2000) – beging von 1993 bis 1997
eine Serie von rassistisch und »völkisch« motivierten,
terroristischen Brief- und Rohrbombenattentaten,
die vier Todesopfer und 15 zum Teil schwer Verletzte
forderten. Eines der Opfer war Bürgermeister Helmut
Zilk, der durch eine Briefbombe eine Hand verlor.

Fünfer – Nebenbedeutung: fünfjährige Haftstrafe

G

Galerist – Wienerisch für: Verbrecher, der bereits im Häfen (s. dort) längere Zeit verbracht hat. Die »Galerie« ist
der Umlaufgang auf den Stockwerken des Strafgefange-
nenhauses; der Galerist daher einer, der dort ansässig ist

Gehsteig – Bürgersteig

Gemeindebau – typisch wienerische Form des kommu-
nalen Wohnbaus, in mehreren Wellen seit den 1920er
Jahren errichtet

gepickt – geklebt

gestopft – in der wienerischen Nebenbedeutung »reich«

Giftler– Suchtgiftabhängiger

Goldflankerl – siehe Flankerl

grad – hat im Wienerischen neben der hochdeutschen
Bedeutung »gerade« (linear und temporär) auch die
Nebenbedeutung »legal«

grantig – übellaunig

148

Grätzl – Geviert; kleinste städtische Einheit, in der die Wiener denken; meist ein paar Häuserblocks umfassend.

Grätzlpolizist – seit 2016 auch offizielle Bezeichnung für Polizeibeamte, die sich speziell um ein Grätzl kümmern

Großfeldsiedlung – großer Gemeindebaukomplex in Floridsdorf

Großkopferter – Angehöriger einer Führungsschicht, Bonze

guat – gut

Gürtelgegend, Gürtel – »der Gürtel« ist eine Wiener Hauptverkehrsader, die grob gesehen die Bezirke mit den Nummern unter 10 von denen über 10 trennt

gwart – gewartet

H

Haberer – Freund, von hebräisch/jiddisch: chawer

hackeln – arbeiten; die Hacken – jede Art von Arbeit; in der Gaunersprache aber auch: Einbruch. Scheißhacken – sehr unangenehme Tätigkeit

Hackengeher – Gewohnheitseinbrecher

Hacker – Zug (von der Zigarette), Schluck

Häfen – Gefängnis, auch: Arrestzelle

Häferl – Tasse; wienerische Nebenbedeutung: gefühlsbetonte, emotionell überreagierende Person

Halbgesperre – Vernehmungsraum in einer Justizanstalt außerhalb des Zellentrakts

Hendeldieb – wörtlich: Hühnerdieb. Allgemein für: Kleinstkrimineller.

Hercules – Lockheed C-130: militärisches Transportflugzeug für bis zu 92 Soldaten

Hinterberger, Ernst (1931 – 2012) – Wiener Schriftsteller und Drehbuchautor, schrieb u.a. zahlreiche Kriminalromane und TV-Krimis im wienerischen Milieu

hoin – holen

Holaubek, Josef »Joschi« (1907 – 1999) – 1945 – 1947 Feuerwehrkommandant von Wien, anschließend bis 1972 als Polizeipräsident Leiter der Bundespolizeidirektion Wien.

Hütten (Einzahl) – Lokal

J

Journaldienst – Dauerbereitschaftsdienst, der am Dienstort geleistet wird

K

Karl, Ernst (1945 – 2001) – Polizeibeamter, beging 1968 im Dienst zwei Morde und einen weiteren 1974 in Haft, starb im Gefängnis

Karlau – kurz für die Justizanstalt Graz-Karlau im Gemeindegebiet der steirischen Landeshauptstadt. Mit einer Kapazität von über 500 Haftplätzen die drittgrößte Strafvollzugsanstalt Österreichs

Katz – Mädchen, sehr oft auch synonym für Prostituierte verwendet

Käubl – Kalb

Kieberer – Kriminalbeamter, Polizist in Zivil. Auch:
Krimineser

Kinderfreunde – Interessenvertretung für Kinder und
Familien, der sozialdemokratischen Partei, SPÖ, ein-
gegliedert

Koberer – Wienerisch etwas derb für Wirt, selten für Zuhälter

kollaudieren, Kollaudation – behördliche Überprüfung und
Genehmigung von Gebäuden, Anlagen und Veranstal-
tungen

Koloniakübel – nach dem 1. Weltkrieg heute historische
Wiener Bezeichnung für Abfalleimer/Mistkübel; ursprünglich nach dem aus Köln stammenden »Colonia-
system« benannt

krachen – neben der hochdeutschen Bedeutung: Entzugs-
erscheinungen haben

Krimineser – siehe: Kieberer

Krone – kurz für Kronen Zeitung, das auflagenstärkste
österreichische Boulevard-Tagesblatt.

kummst – kommst du? / du kommst

kummz – ihr kommt

Kurswagen – Arrestantenwagen, »grüne Minna«

L

Learjet – Handelsmarke einer Familie von zweistrahligen
Geschäftsflugzeugen, hergestellt unter Führung des
kanadischen Konzerns Bombardier

Leitender – in der Polizeisprache die kurze Bezeichnung
für einen leitenden Kriminalbeamten (Offizier)

Leopoldstadt – 2. Wiener Gemeindebezirk

liaba – lieber

Liesel – Koseform von Elisabeth. In Wien: Polizeigefan-
genenhaus, nach der Adresse Roßauer Lände, früher:
Elisabethpromenade

M

ma – wir (soll ma – sollen wir) oder mir (wannst ma –
wenn du mir)

Markt – jemanden auf den Markt hauen: jemanden verraten, siehe auch verwamsen

Maßnahme – eigentlich: Maßnahmenvollzug; in Österreich: freiheitsentziehende Unterbringung von Tätern,
die entweder als besonders gefährlich eingestuft werden
oder aufgrund mangelnder Schuldfähigkeit nicht verurteilt werden können

Maun – Mann

Meidling – 12. Wiener Gemeindebezirk

Meidlinger, das – Unfallkrankenhaus Meidling

Meier gehen – auffliegen und verhaftet werden

Menagereindel – verschließbare Kasserolle zum Transport
und zum Aufwärmen von Proviant

Mistkübel – österreichisch: Abfalleimer

mordstrumm – sehr groß

Müller, Thomas (geb. 1964) – Kriminalpsychologe, Buch-
autor, Fallanalytiker

N

naa – nein

narrisch – emotional aufgewühlt

Na sa guat – also gut!

ned – nicht

Nejedly – siehe Schubirsch

niederlegen – in der Wiener Gaunersprache mit der
     Nebenbedeutung: gestehen

no – noch

O

Oaschloch – Arschloch

obe – hinunter, abwärts

Ohrwaschel – Grundbedeutung: Ohr. »Kein Ohrwaschel
     rühren« – so tun, als wäre nichts

oida – alter

Organmandat – sofort zu bezahlende Verwaltungsstrafe

Ottakring – 16. Wiener Gemeindebezirk

P

Pappen – Mund

Parteienverkehr – in Österreich: die Möglichkeit, als Bürg-
     erIn direkt bei einem Amt, einer Behörde oder einer
     Polizeidienststelle vorzusprechen

Patschen – Hausschuh, in der Nebenbedeutung: platter
     Reifen

pecken – mit dem Schnabel hacken; mit dem Fuß (hin)
     pecken: treten

perlustrieren – Feststellung und Überprüfung der Identität durch die Exekutive

Pfeifenstierer – Instrument zum Reinigen einer Tabakpfeife, im Wienerischen: dummer Mensch

Pick, auf jemanden einen Pick haben – Ärger, Zorn, Groll

Pilatus Porter – Pilatus PC-6, ein einmotoriges STOL-(Short Take-Off and Landing)-Flugzeug des Schweizer Herstellers Pilatus Aircraft.

Platten – häufig auch: Bladern. Lokale Verbrecherszene, meist Rotlicht und Glücksspiel

Prater – sehr großes städtisches Auwald- und Auparkgebiet im 2. Wiener Gemeindebezirk. An seinem der Inneren Stadt am nächsten gelegenen Zipfel befindet sich der Volks- oder Wurstelprater, der berühmte Wiener Vergnügungspark. Das Wort »Prater« wird im Wienerischen häufig synonym für den Wurstelprater verwendet

Puffen – Faustfeuerwaffe

Pülcher – Verbrecher, Gauner. Ursprung: Pilger (den mittelalterlichen und frühneuzeitlichen Pilgerscharen eilte ein übler Ruf voraus)

Pumperer – Faustfeuerwaffe, auch: lauter Knall, Krach

Q

quasi – gleichsam, wird im Wienerischen sehr gern sowohl als Adjektiv als auch als Adverb gebraucht

R

Ratzen – Mz. von Ratz; eigentlich: Ratte – in der wienerischen Nebenbedeutung: Gesindel

Raubersg'schicht – unglaubliche oder schwer glaubhafte Erzählung

Rayon – Zuständigkeitsbereich einer österreichischen Behörde

Reindel – Kasserolle

Rogatsch, Johann (1934 – 1974) – ermordete 1960 die 18-jährige Sportstudentin Ilse Moschner. Die Details des Mordes, des Leichenfundes, der Aufdeckung und der Verhandlung waren eine öffentliche Sensation in Wien

Roter Heinzi – Heinz Bachheimer (1939 – 2015) beherrschte seit den 1970er Jahren als »Gürtelkönig« die Rotlichtszene und das illegale Glücksspiel in Wien

Rudolfsheim-Fünfhaus – 15. Wiener Gemeindebezirk

S

Scheißhacken – siehe: hackeln

Schmalz – Nebenbedeutung: Gefängnisstrafe. Schmalz ausfassen: zu einer Haftstrafe verurteilt werden

Schmalzfeig sein: Eine Gefängnisstrafe scheuen

Schönbrunner Deutsch – besonders »noble« Variante des Wienerischen, benannt nach dem Sommerpalast der Habsburger, an deren Hof sich diese stets leicht nasale, langsame und durch besondere Dehnungen gekennzeichnete Sprechweise entwickelt hat.

Schotterausschlag – Schürfwunde, durch Kontakt mit
   Straßenstreumaterial entstanden; häufiges Syndrom von
   LenkerInnen einspuriger Fahrzeuge
Schubirsch – 1971 brachen die Häftlinge Walter Schubirsch, Alfred Nejedly und Adolf Schandl spektakulär
   aus der Haftanstalt Stein aus. Schandl wurde bald
   darauf wieder verhaftet, Schubirsch und Nejedly ver-
   schanzten sich unter Geiselnahme in einem Wiener
   Wohnhaus. Joschi Holaubek konnte sie in persönlichem
   Einschreiten zur Aufgabe überreden
Schurl – Koseform von Georg
Schweizerhaus – traditionsreicher Biergarten im Wurstel-
   prater
sekkieren – jemandem lästig und stichelnd zusetzen, aus
   dem italienischen »seccare«, ausdörren
Sicherheitsbüro – vor 2003 die Zentralstelle der Wiener
   Kriminalpolizei. Heute aufgegangen im Landeskrimi-
   nalamt Wien
SIRENE – kurz für englisch Supplementary Information
   Request at the National Entry, durchführende nationale
   Knotenpunkte des Schengener Informationssystems
   SIS, das durch nichtöffentliche Datenbanken der grenz-
   übergreifenden Personen- und Sachfahndung in der EU
   dient
Spagat – Bindfaden
Stadthauptmann – Leiter eines Bezirkspolizeikomissaria-
   tes, immer ein Jurist. Dem Stadthauptmann unterstehen
   Verwaltung, Sicherheitswache und Kriminaldienst

Stamperl – österreichisch: Schnapsglas; Nebenbedeutung: Projektil einer Luftdruckwaffe

Steher – einer, der viel aushält; Nebenbedeutung in der Gaunersprache: einer, der im Verhör nichts gesteht

Stein – Stadtteil von Krems an der Donau, wird in Österreich synonym für die dort befindliche Justizanstalt genannt, die national größte Einrichtung für den Vollzug längerer Haftstrafen

Stempelmarken – in Österreich waren Marken zur Entrichtung von Steuern, Abgaben und Gebühren bis zur Einführung des Euro 2002 in Verwendung

Strebersdorf – Teil von (siehe dort) Floridsdorf

Strizzi – Zuhälter, aus dem slawischen stric = Onkel

T

Tog – Tage

Tour – »auf die Tour«, Wienerisch für: auf diese Art und Weise, so

Traiskirchen – niederösterreichische Stadtgemeinde südlich von Wien, wird in der österreichischen Umgangssprache synonym für die dort befindliche Bundesbetreuungsstelle für Asylwerbende, allgemein oft noch immer »Flüchtlingslager Traiskirchen« genannt, verwendet

Tschick – Zigarette/n

Tuchent – Bettdecke, Oberbett

Tuscher – Krach, Lärm, Knall

U

UNO-City – landläufige Bezeichnung für das »Vienna Inter-
national Center«, den Sitz der Vereinten Nationen in Wien

unrund werden – nervös, hektisch werden

unt – unten

V

verchecken – Handeln, verkaufen

verwamsen – verraten, verpfeifen

verzünden – verraten, verpfeifen

Waaß eh – ich weiß es ohnedies

Waaßt eh – du weißt es ohnedies

wannst – wenn du

warats – wäre es

W

Watschen – Ohrfeigen. Diese »fliegen« in Wien, wenn sie
ausgeteilt werden

Watschenmann – »Ohrfeigenmann«, heute nostalgisches
Kraftmess-Gerät im Prater. Bei dem Watschenmann im
Autodrom handelt es sich um eines seiner zahlreichen
Abbilder.

WEGA – von Wiener Einsatzgruppe Alarmabteilung;
Sondereinheit der LPD Wien für riskante Einsätze

wurscht – egal

Wurstelprater – siehe: Prater

Z

zach – zäh; wienerische Nebenbedeutung: mühselig

Zilk, Dr. Helmut (1927 – 2008) – Wiener Journalist und
Politiker, legendärer Wiener Bürgermeister 1984 – 1994

Zund – relevante Information über einen Straftäter oder
strafbaren Sachverhalt. Auch: Der Informant

zwa – zwei

Zwara – zweijährige Haftstrafe. »Fahrst ein auf an Zwara«
– »Du trittst eine zweijährige Haftstrafe an